La vraie vie en Dieu

Tome 4 — cahiers 45 - 52

La vraie vie en Dieu

Mon Ange Daniel (222 p.): Ces messages sont un moyen de méditation. Lire la Bible fait progresser ton âme. Sens-toi aimée. Yahvé est amour. Sens son Amour. Yahvé t'aime (Daniel, le 18 juin 1986).

Tome 1 (278 p.) - Venez à Moi, vous, pauvres âmes, venez Me rencontrer et apprenez à connaître votre Père aimant [...] Il vous guérira si vous êtes malades, Il vous consolera si vous êtes afligés (Jésus, le 1.2.87).

Tome 2 (248 p.) - Ta Sœur [la Russie] est morte, mais le Seigneur [...] la ressuscitera. [...] Cette nation deviendra une et la plus dévouée servante de Dieu. [...] La Russie sera le symbole de la Gloire de Dieu, de Sa miséricorde et de Son Amour (Notre Sainte Mère, le 1.2.88).

Tome 3 (332 p.) - Si seulement vous saviez comme Je suis prêt à pardonner les crimes de votre ère, pour un seul regard affectueux porté sur Moi. [...] J'effacerais de Ma vue toutes vos iniquités et vos péchés (Jésus, le 29.8.89).

Tome 4 (178 p.) - Je vous invite à prier pour l'Unité. Pour vous unir, vous devez aimer. Pour vous unir, vous devez être humbles et obéissants. Aujourd'hui, les pays ne produisent ni bonheur ni vertu parce que votre génération a déserté le Seigneur (Vierge Marie, le 8.1.91).

Supplément 1 (90 p.) - Il reste très peu de temps maintenant; pardonnez à votre prochain pendant que vous en avez encore le temps. Faites des réparations, jeûnez (Jésus, 30 août 1991).

Supplément 2 (90 p.): - Je viendrai parmi vous dans la Splendeur et dans la Gloire (Jésus, 31 janvier 1992).

Supplément 3 (90 p.) - Aussi ne dites pas: Il n'y a personne pour me sauver ni pour me venir en aide, ni que l'aide vous est refusée. Invoquez-Moi avec votre cœur et Je volerai à vous... Je suis votre Ami (Jésus, le 10 juin. 1992).

Supplément 4 (90 p.) - Ni la mort ni la vie, ni ange ni prince, rien de ce qui existe, rien de ce qui est encore à venir, nulle puissance ou hauteur ou profondeur, nulle chose créée, ne viendra jamais me séparer de Toi (Donné par Jésus, le 17 septembre 1992).

Supplément 5 (90 p.): Création! Comme J'ai désiré vous rassembler tous comme une poule rassemble ses poussins sous ses ailes! Mais tant d'entre vous continuent à le refuser! Plus tard, vous ne pourrez pas dire que Je n'ai pas tout essayé pour vous rassembler tous dans Mon Sacré-Cœur, pour vous dire qu'un amour plus grand que le Mien vous n'en trouverez pas... (Jésus, le 9.3.1993).

Supplément 6 (90 p.): Je suis venue vous rappeler à tous qu'un vrai apôtre de Dieu est celui qui fait la volonté de Dieu: Aimer, c'est faire la volonté de Dieu (La Vierge Marie, le 6.12.1993).

Supplément 7 (90 p.): Dans la Tendresse de Son Amour, Mon Père a recouvert ton chemin de saphirs. Roi, pourtant si maternel; Juge, pourtant si tendre et aimant; l'Alpha et l'Oméga, pourtant si doux (Jésus, 10 août 1994).

Supplément 8 (90 p.): J'ai juré de n'abandonner aucun pauvre ni aucun affamé car Mes Bénédictons sont riches, Mon Amour satisfaisant et le Soufle de Mon Esprit médicinal (Jésus, 9.10.1994).

Supplément 9 (176 p.): Je vous enverrai Mon Saint Esprit en pleine force sur toute l'humanité et, comme signe avant-coureur, Je montrerai des prodiges dans le ciel comme jamais auparavant. (Jésus, 10 décembre 1995).

Supplément 10 (160 p.) Alors que certains d'entre vous n'ont aucune mémoire de votre Dieu, à ce jour, Moi, dans Ma Fidélité et la grandeur de Mon Amour, Je viens à vous vous offrir Mon Cœur.

Vassula

La vraie vie en Dieu

Vassula — Entretiens avec Jésus

Tome 4 — cahiers 45 - 52

Editions du Parvis
CH-1648 Hauteville

S.S. le Pape Paul VI a confirmé, en date du 14 octobre 1966, le décret émanant de la Sacrée Congrégation de la Doctrine de la Foi, sub no 58/16 (A.A.S.) et permettant la publication des écrits relatifs aux apparitions surnaturelles, même si elle ne porte pas le «nihil obstat» de l'Autorité Ecclésiastique.

Titre original anglais:
True Life in God
Vassula: Conversations with Jesus

Les messages de «La vraie vie en Dieu» sont également disponibles en allemand, italien, espagnol, portugais et en d'autres langues encore.

Informations sur Internet: http://www.vassula.org

Editions du Parvis
CH-1648 Hauteville / Suisse

INTERNET http://www.parvis.ch
e-mail: book@parvis.ch

Envois postaux dans tous les pays
Imprimé en Suisse
ISBN 2-88022-100-5

Votre génération n'a pas su apprécier le grand Amour de Dieu, c'est pourquoi vos contrées sont mises en feu par l'égoïsme, par l'impiété et par la furie de Satan.

Notre Sainte Maman, le 10 octobre 1990

Imitez-Moi, Moi votre Seigneur, et vous vivrez.

Jésus, le 25 décembre 1990

Je Suis sera de retour,
Je Suis reviendra,
Je Suis sera avec nous.
Gloire au Très-Haut!

Prière dictée par Jésus, le 4 mars 1991

La puissance intérieure de Mon Eglise est Mon Saint Esprit vivant et actif en Elle; comme un cœur dans un corps, Mon Saint Esprit est le Cœur de Mon Corps qui est l'Eglise.

Jésus, le 15 avril 1991

Ils n'ont pas encore compris que J'ai besoin de leur cœur pour les unir. J'ai besoin de leur cœur pour y rebâtir Mon Eglise en Une. L'unité sera par le cœur. (...) L'unité ne consiste pas à vous différencier sous Mon Saint Nom; l'unité consiste à partager la Sainte Communion en croyant en Ma Présence Réelle dans la Sainte Eucharistie. L'unité, c'est vous donner vos richesses les uns aux autres.

Jésus, le 13 avril 1991

PRESENTATION

Née en Egypte, de parents grecs, le 18 janvier 1942, la carrière internationale de son mari a promené sa vie de pays en pays: 16 ans en Afrique (Sierra Leone, Ethiopie, Soudan, Mozambique, Lesotho), puis quelques années en Asie, au Bangladesh. Vassula a aujourd'hui deux enfants.

Orthodoxe, elle a vécu dans son enfance un rêve qu'elle tient aujourd'hui pour prophétique: la Vierge l'a préparée à un mariage avec le Christ. Mais elle l'avait quelque peu oublié. C'était une femme comblée dans les hautes sphères de ce monde: peintre inspirée, comblée de relations mondaines et de succès, championne de tennis, mannequin dans la capitale du Bangladesh, toutes choses qui sont pour elle dépassées aujourd'hui: depuis qu'au Bangladesh, en novembre 1985, son ange gardien l'a préparée à sa mission par des messages, pour lesquels sa main était mue irrésistiblement.

Puis ce fut le Christ, qui continua à guider cette main et dont elle apprit à entendre la Voix. Elle ne vit plus que pour Lui, elle prie durant six heures chaque jour, au cours desquelles a lieu le colloque où elle reçoit ces messages.

Sa silhouette blonde respire un équilibre harmonieux, issu d'une paix profonde, sa parfaite mesure, sa discrétion, sa modestie, s'accompagnent d'une grande assurance intérieure.

Vassula n'avait pas de formation religieuse. Les messages qu'elle écrit la dépassent, ils sont pour elle une grâce passive qu'elle assume avec une énergie cachée.

Durant trente ans (1955-1985), bien que de famille orthodoxe, elle n'avait pas mis les pieds à l'église sinon pour obligations mondaines de mariage ou d'enterrement. Les révélations privées furent pour elle une conversion totale. Elle n'aspire plus qu'à rejoindre Jésus dans la vie éternelle qu'est déjà sa vie.

Elle est consciente de ses limites, des limites qui sont celles des révélations privées, marquées par la personnalité de chaque voyant: la marque de l'instrument. Elle n'a point de magistère, ni d'autorité officielle mais seulement celle de la lumière inhérente à ses messages, destinée à certains plus qu'à d'autres, en toute liberté et soumis à leur discernement. Elle accepte la critique et s'en réfère à Celui qui la guide: le Christ, et aux conseils de son directeur spirituel.

Abbé René Laurentin

CAHIER 45

Note de Vassula: A ceux qui lisent ces pages, je conseille de chercher à bien comprendre les termes symboliques que Dieu nous donne (et il y en a beaucoup).

Rhodes, du 5 au 29 août 1990
LES DIX COMMANDEMENTS

— Seigneur?

— Je suis. Appuie-toi sur Moi, pense à Mon Amour.

J'ai marché seul sur le Chemin de la Croix. Des hommes de Mon peuple, pas un n'était avec Moi. Ils Me haïssaient sans aucune raison. J'ai été pris par force et par abus de droit. La souffrance et l'humiliation ont été le prix de Ma victoire. J'ai pris sur Moi vos fautes et J'ai permis aux mains mêmes que J'ai créées de Me frapper et de Me défigurer, mais par ces Plaies, vous êtes guéris... Aussi, bénissez ceux qui vous persécutent, ne les jugez pas, bénissez-les et priez pour eux.

Aujourd'hui, avec des larmes dans Mes Yeux, Je vous dis ceci: nombreux sont ceux qui se comportent en ennemis envers Moi et Ma Croix. De tous ceux qui prêchent Mon Evangile, très peu, en fait, travaillent avec Moi et pour Mon Royaume. Ma Loi toute entière est résumée en un seul commandement: AMOUR. S'ils avaient suivi Ma Loi et examiné quotidiennement leur conduite, ils auraient découvert qu'ils ne vivent pas selon Mes Commandements. Et s'ils Me disent:

«En quoi ne suivons-nous pas Tes Commandements? Comment alors devons-nous suivre Tes Commandements? Pouvons-nous enseigner Tes Commandements si Tu dis que nous ne les suivons pas?» et pourtant, vous ne les suivez pas parce que l'amour manque en vous: la Couronne de Mes Commandements est l'Amour. Aimer, c'est vivre selon Mes Commandements. Ne soyez pas comme Caïn qui n'avait pas d'amour pour Moi et qui, simplement par jalousie spirituelle, trancha la gorge de son frère…

(Lorsque je compris l'intention de Dieu: commenter Ses Dix Commandements, je craignis d'être incapable de tout noter.)

— Oh! Mon Dieu, je ne pourrai jamais faire cela toute seule!
— **Qui t'a dit que tu devais faire seule ce travail? Tu écriras chaque mot que Je te dis. Ne te presse pas, Je peux te dicter par étapes, si tu veux.**
— Seigneur, va selon ma capacité!
— **Tu oublies Ma Capacité qui peut emplir ta capacité. Viens… partage Mon Œuvre pour gagner des âmes. Comprends-tu Ma soif?**
J'ai soif d'âmes, soif de votre sainteté, soif de votre réconciliation. J'ai soif, Mes chers enfants, de tout ce qui est Moi et qui est Mon reflet. J'ai soif de vous rendre votre divinité. J'ai soif d'un retour d'amour. J'ai soif de renouveler votre source originelle et votre alliance en Mon Saint Nom, votre source originelle qui jaillit de Mon Amour Sublime. J'ai soif d'adoration, mais voyez ce que vous êtes devenus et ce que vous avez fait!
O ère! tu as cessé de M'adorer et, au lieu de cela, tu as multiplié tes faux dieux. Tu n'obéis pas à Mes Commandements; non, tu n'observes pas Ma Loi. Ere de misère, qu'es-tu devenue! Tu M'invoques rarement pour M'adorer. Tu ne

M'appelles plus par amour, ni ne M'honores en M'offrant tes services. Je t'ai appelée tous les jours de ta vie pour te rappeler Qui est ton Père Céleste et vers Qui tu dois te tourner, mais ton cœur n'est pas décidé pour Moi, pas plus que ton esprit n'est disposé, parce que tu as préféré couper le cordon ombilical qui nous unit et nous fait un, pour établir ta propre loi et te nommer toi-même: «sans-dieu». Emportée par la Vanité, tu veux te considérer égale à Moi. Tu dis maintenant: «Je suis l'égale de Dieu et je siège sur Son Trône, parce que ma sagesse a amassé un grand luxe et une grande autorité sur le monde.»

Ton habileté dans le commerce est telle qu'une multitude de nations suit ton exemple. Oui, tu as effectivement suivi le conseil de l'antique serpent qui a si astucieusement conduit tes ancêtres à manger le fruit défendu, leur assurant qu'ils seraient comme des dieux *(Gn 3,5)*. Tu pensais alors que tes yeux s'ouvriraient, mais en réalité tu es devenue aveugle et à ce jour, tu luttes pour couper ce Cordon qui te donne Vie et Sainteté, en pensant que tu trouveras ta liberté, mais ce que tu trouves est la Mort.

O ère de misère! Tu es en train de servir la Folie au lieu de la Sagesse, tu sers le dragon au lieu de servir ton Très-Saint. Tu n'obéis pas à Mes Commandements, non, tu n'observes pas Ma Loi que Je t'avais donnée. Tu Me mets sans cesse à l'épreuve.

Ton ère, Mon enfant, est coupable de graves blasphèmes parce qu'elle n'observe pas Ma Loi. Ils sont indifférents à Mes Commandements, en lesquels ils peuvent trouver la vie s'ils les observent. Nation après nation a dévié de chacun de Mes Dix Commandements, ajoutant le blasphème à la rébellion. En accord avec l'empire du dragon, la bête noire *(Ap 13,1)* avec la seconde bête *(Ap 13,11)*, alias le faux prophète *(Ap 16,13)*, se sont installé pour elles-mêmes des stèles blasphématoires sur chaque haute colline et sous les branches déployées de chaque grand arbre, pour dominer le monde et éteindre le peu de lumière qui y reste. Sur chacune de ses sept têtes, la bête s'est fait des idoles représentant ses propres dieux. Ces idoles sont installées, par le pouvoir du dragon, aux places élevées. Puis ils ont désigné pour occuper les places élevées, des prêtres qui sont des leurs et qui officient aujourd'hui au cœur de Mon Sanctuaire. Et ils ne M'adorent pas. Ils feignent de le faire. Ils sortent déguisés en grands prêtres[1], adorant et servant la bête elle-même et sa production qui est conformée au monde. Ils révèrent des dieux étrangers et inanimés, exactement comme se conduisirent leurs pères, jadis, dans le passé. Ils se moquent de la piété et renient Mes Commandements, Mon enfant. Ils vont enseigner à toutes les nations d'adorer l'image de l'homme mortel[2], une imitation sans valeur, au lieu de Ma Gloire Eternelle...

Ah! comme ils[3] Me sont un fardeau! Par le pouvoir[4] qui leur est conféré par le dragon, ils culminent dans leur esprit de vengeance et leur haine implacables, en faisant la guerre aux saints et à tous ceux qui ne sont pas dans leur clan et qui refusent d'adorer la statue[5] de la bête. Aussi, Je te dis: bénis sont ceux qui croient en Moi et M'adorent. Bénis sont ceux qui Me suivent. Bénis sont ceux qui croient que Ma Promesse est sur le point d'être accomplie, car sur ceux-là, Mon Soupir d'Amour sera marqué sur leurs fronts. Je vous dis en vérité: si un homme Me sert, il doit Me suivre. O ère, n'aie pas peur de revenir à Moi. Reviens à Moi pendant qu'il est

1. Voir message du 30 janvier 1989.
2. Un faux christ.
3. Dieu m'a révélé leurs noms.
4. Pouvoir obtenu par la puissance des messes noires.
5. Un faux christ.

encore temps, car Mon Jour est proche et comment y ferastu face? Il est dit: Tu n'auras pas d'autres dieux que Moi; ne suivez pas d'autres dieux, les dieux des peuples qui vous entourent. Mais les hommes ont transgressé le premier Commandement de Mon Père, en déclarant ouvertement leur liberté avec les moyens et les encouragements des bêtes noires, sur les têtes desquelles pèsera le sang de beaucoup.

N'invoquez pas Mon Nom en vain est le commandement suivant. Maintenant, d'arrogantes nations attaquent Mon Saint Nom, des peuples pour lesquels Je ne signifie rien. Leurs bouches sont pleines de discours blasphématoires mais sont prêtes à la flatterie pour d'autres, lorsqu'ils y voient quelque hideux avantage. Ils maudissent Mon Saint Nom lorsqu'ils sont engagés dans des disputes. Ils blasphèment contre Ma Déité et contre Ma Sainteté. Et ceux qui officient aujourd'hui dans Mon Eglise mais gravitent autour du pouvoir de la bête, se vantant de leur connaissance de Ma Loi, sont ceux-là mêmes qui invoquent Mon Nom en vain. Ils sont ceux qui ferment le royaume du ciel à la face des hommes, n'y entrant pas eux-mêmes ni ne permettant d'y entrer aux autres qui le voudraient. Ils prêchent contre le vol, alors qu'ils Me volent les âmes. Ils interdisent l'adultère, alors qu'eux-mêmes commettent l'adultère puisqu'ils suivent la bête noire et lui sont fidèles. Ils prétendent mépriser les idoles, alors qu'ils pillent Mon Sanctuaire. Aussi, si cette génération blasphème Mon Saint Nom et L'utilise futilement, c'est à cause de la permissivité, repue dans le vice, qui leur est donnée à profusion par ceux-là mêmes qui s'affublent de manteaux noirs[6]. Détruire les racines de la sainteté et de la justice et amener à son zénith l'irrespect de la loi, tel est leur but.

---

6. La secte de la Franc-Maçonnerie.

Génération… A Mon Retour, Me faudra-t-il dire: «Il ne reste pas un homme juste, il n'y en a pas un qui comprenne, pas un qui Me cherche»? Je vous ai demandé de vous rappeler de sanctifier le Jour du Sabbat[7], alors que vous L'avez inverti dans l'impureté et L'avez souillé par des plaisirs répugnants et les pratiques par lesquelles vous déshonorez vos corps et vos esprits puisque vous avez abandonné la Vérité Divine pour un mensonge, et que vous adorez et servez les créatures au lieu de Me servir. Vous avez fait paraître Sodome et Gomorrhe presque irréprochables et purs en comparaison de vos impuretés. Je vous dis en vérité que ce Jour-là, Sodome et Gomorrhe ne seront pas traités avec autant de sévérité que vous maintenant. La plupart d'entre-vous n'observe pas le Jour du Sabbat, non, vous ne L'observez pas, vous n'observez pas Ma Loi…

Les Ecritures disent: «Honore ton père de tout ton cœur, n'oublie jamais les douleurs de l'enfantement qu'a souffert ta mère, rappelle-toi que tu leur dois ta vie; comment peux-tu leur rendre ce qu'ils ont fait pour toi?» *(Si 7,27-28)*. Et vous devez suivre ce Commandement: honore ton père et ta mère. Pourquoi tant d'entre-vous sont-ils surpris que si peu suivent ce Commandement? Des notions méchantes et insensées ont conduit ces enfants à s'égarer dans l'adoration de productions vides, remplissant leur esprit dès l'enfance d'un esprit de mollesse. Beaucoup de parents n'ont pas donné à leurs enfants cette Source intarissable de Mon Esprit. La Sagesse les appelait jour et nuit mais cette génération Lui a barré la porte et chaque jour qui passait, vos enfants se sont écartés de plus en plus du Chemin conduisant à Moi.

7. Dieu entend par là: le dimanche.

Si quiconque, jeune ou vieux, Me reconnaît comme son Dieu, il reflétera Mon Image, et par amour, obéira à ses parents et les honorera comme si c'était à Moi qu'il obéissait et Moi qu'il honorait; ainsi, cette vertu se reflétera sur leurs parents.

Mais toutes les choses qui sont conformes au monde ont dépravé ces enfants au lieu qu'ils viennent à Moi. L'amour manque. Beaucoup de parents se plaignent de la désobéissance de leurs enfants alors qu'ils font exactement la même chose envers Moi. Or, peuvent-ils réellement prétendre avoir en abondance bonté, patience et tolérance? S'ils avaient réellement toutes ces vertus, leurs enfants auraient aussi la vertu d'obéissance et les honoreraient tous deux. Mais Je vous dis: les esprits de cette génération sont vides et c'est ainsi que les ténèbres sont venues les combler. Car l'image de devenir un philosophe est plus importante à leurs yeux que Ma Gloire Eternelle. Aussi, leur manque de sainteté est consumé par la passion et dès leur prime jeunesse, ils sortent déshonorer leur propre corps. Votre génération a fait fi de Mes Commandements et Les a remplacés par des imitations blasphématoires, et à ce jour, sortent de la bouche de la bête des productions mauvaises destinées à enténébrer les esprits de vos enfants et les attirer comme victimes tout droit dans la gueule du lion, persuadant leurs jeunes esprits d'adorer la première bête et de servir des dieux faits de main d'homme, accordant à ceux-ci l'honneur et le respect qui M'étaient destinés.

Je vous dis en vérité: pour les insoumis qui ont refusé de prendre Mes Commandements comme leur guide et qui leur ont préféré la dépravation, pour eux, à la fin, il y aura le feu.

O heureux les soumis de cœur, ils atteindront la perfection. Aussi Je vous dis: ne soyez pas insoumis à la Crainte du Seigneur.

Tu sais que Je t'ai défendu de tuer, génération!
Si vous vous appelez Miens et prétendez faire partie de Mon Eglise et que vous prêchez contre le meurtre, comment se fait-il que vous tuiez? Présumez-vous pouvoir maintenir que vous avez raison et insister sur votre innocence devant Moi au Jour du Jugement, alors que vous amoncelez les meurtres d'enfants à naître?
J'assiste du Ciel à des scènes effrayantes. Ah! comme Je souffre de voir le ventre qui forme cet enfant, le rejeter et l'envoyer à sa mort sans un nom et sans regret. Le ventre qui l'a formé ne s'en souvient plus. A ceux-ci Je dis: «Tu peux aiguiser ton épée, mais l'arme que tu as préparée te tuera. A présent, ce n'est pas d'un enfant que tu es enceinte, mais de l'iniquité. Tu es en train de concevoir le Dépit et tu donneras naissance à la Mésaventure. Tu n'as creusé une fosse, ne l'as évidée, que pour tomber dans ton propre piège! Ton dépit te reviendra sur la tête, comme te retombera sur la tête ta brutalité» *(Ps 7,12-16)*. Et vous[8], vous qui êtes réputés M'être fidèles et tenir fermement à Mon Nom, Je sais tout de vous. Oui, vous êtes réputés être vivants et prospères alors que vous ne l'êtes pas. Vous êtes morts et vous vous décomposez. Repentez-vous! Je vous avais confié des âmes innombrables, mais le démon a négocié avec vous pour les échanger contre son or et son argent. Oui, certainement! Je sais comment vous vivez, maintenant. Vous vivez comme des chacals[9] dans des tanières cachées[10], ces tanières sur lesquelles Je ferai passer une large route ouverte. Je fondrai soudain sur vous et J'exposerai votre nudité, et lorsque viendra le Jour, Je ne vous permettrai pas de manger de l'arbre de Vie. Ecoutez attenti-

8. Ici, Jésus S'adresse au faux-prophète déguisé en agneau (Ap 13.11; 16.13).
9. Ceux qui jadis étaient fidèles se sont vendus à Satan, et suivent la Bête.
10. Les loges maçonniques.

vement: vous prêchez contre le meurtre, alors que vous tuez Mon Esprit. Vous vous vantez à propos de la Loi alors que vous y désobéissez parce que vous n'avez pas compris le mystère de Ma manne cachée. Non, vous n'avez pas compris Mes nourritures miraculeuses, ni le mystère de Ma Transfiguration. Je vous ai promis de vous garder en vie à la fin des Temps avec Ma Manne Céleste. J'ai dit à Mon église à Pergame: «A ceux qui s'avéreront victorieux, Je donnerai la manne cachée et une pierre blanche — une pierre gravée d'un Nouveau Nom, connu seulement de l'homme qui la reçoit» *(Ap 2,17)*. Je vous offre aujourd'hui cette manne, réservée pour vos temps, une nourriture Céleste, une nourriture de Mon Esprit pour vos esprits affamés, Je déverse Mon Esprit dans Sa plénitude pour combler votre désert intérieur, et Je vous offre Ma manne céleste, gratuitement, car celle-ci EST la nourriture des pauvres... mais vous n'avez pas compris... aussi vous refusez de la manger et interdisez aux autres d'en manger. J'ai déjà écrit sur la «pierre blanche» Mon Nouveau Nom, qui sera connu seulement par les pauvres. Vous prétendez être humbles et pauvres — alors que vous n'êtes ni humbles ni pauvres. Votre esprit trône dans les richesses de Satan.

Je suis le Souverain des rois de la terre et Je vous ai demandé de ne pas commettre d'actes impurs ni d'adultère. L'adultère a été raffiné de telle manière par Satan, qu'il a perdu sa signification à la fois dans les ordres ecclésiastiques et dans la laïcité. Mon endurance à votre péché est maintenant parvenue à sa fin. Car à ceux[11] qui ont recherché les pouvoirs blasphématoires de Satan et les ont érigés en bannières pour effacer Ma Divinité et Ma Sainteté et Mon Saint Sacrifice, Je

11. Jésus Se réfère encore à ceux qui adorent la Bête.

vous dis: c'est votre faute si Mon Nom est blasphémé parmi les impies. Vous avez souillé Mon Sanctuaire en ordonnant des hommes pervertis par des passions dégradantes. Tous pareillement souillés, ils ne Me craignent pas. Aussi, si aujourd'hui les impies commettent l'adultère en trouvant cela naturel, c'est à cause de la grande permissivité dans Mon Eglise, accordée suivant les instructions de la bête dont le but est de falsifier la Vérité. Comment se fait-il que vous oubliiez si facilement que vos corps sont membres de Mon Corps? Je voudrais vous voir exempts de perversion puisque vos corps sont le temple de Mon Saint Esprit. Moi votre Dieu Je voudrais vous voir vivre saints puisque Je suis Saint.

Création! en Me reconnaissant comme ton Dieu, tu serais capable de reconnaître Ma Loi, et ainsi, de La suivre. Mais beaucoup d'entre-vous ont échoué et vos cadavres jonchent maintenant ce désert... Je ne vous ai pas commandé de pécher, alors pourquoi utilisez-vous votre liberté d'une façon qui s'avère un piège pour votre âme? Priez-Moi afin que Je puisse vous pardonner, sinon vous serez perdants.

Le mariage doit être honoré et vécu saintement. Je suis le Seigneur et Je vous ai appelés à une vie de dévotion, de paix, d'amour et de sainteté: Je vous ai appelés à Moi à jamais. Je vous ai appelés pour vous fiancer avec Ma Tendresse et Mon Amour et ce n'est que lorsque vous comprendrez que vous êtes à Moi et que vous êtes Mes fiancés, que vous cesserez de pécher et de commettre l'adultère envers Moi. Je ne cesserai pas, pour l'amour de Mon Saint Nom, de prendre tous les moyens pour vous ramener à la raison, même si Je dois vous traîner dans le désert et vous y exposer Mon Sacré-Cœur et Ses Insondables Richesses, pour vous faire comprendre la nudité et la misère de votre âme. Alors[12], comme un rouleau,

12. Jésus a dit cela sur un ton majestueux.

Je vous déroulerai toute Ma Connaissance afin que vous renonciez à votre péché.
J'ai le pouvoir de vous guérir, aussi, venez vous repentir!

Mon Saint Esprit te demande de ne pas voler. Si tu te dis Mien et si tu connais Ma Loi et prétends être dans la Vérité, alors pourquoi ne t'enseignes-tu pas à toi-même, toi qui t'es ordonné prêtre et qui en as ordonné d'autres[13], à ne pas voler! Mais tu t'es laissé acheter et tu as subtilement suivi la bête, qui t'a enseigné à dresser des étendards d'anarchie. Tu es du monde et J'ai beaucoup à te condamner. Ta langue proclame fièrement que tu fais de grandes choses, des choses bonnes, des choses honnêtes, trompant même les élus par ton masque d'agneau. Mais Je te dis: tu ne Me trompes pas, car Je sais que derrière ton masque d'agneau, tu caches une hideuse catastrophe pour l'humanité telle que le monde n'en a encore jamais vue: ton but est d'abolir Mon Sacrifice *(Dn 12,11)* et de Le remplacer par l'Iniquité et par un Mensonge. Tu professes être un Prophète, pour désavouer Mes propres prophètes. N'as-tu pas peur de voir ton nom rayé du Livre de Vie puisque tout ce que tu fais est de Me voler des millions d'âmes, les conduisant à leur mort? Tes miracles en impressionnent beaucoup aujourd'hui, et plus encore le jour où tu te débarrasseras de Mes prophètes, les faisant succomber *(Ap 11,7)* de ton épée. Tu t'es maintenant armé jusqu'aux dents pour leur faire la guerre parce que leur témoignage dérange tes oreilles, et leur obéissance à Mes Commandements encore plus. Ils n'ont suivi ni toi ni la bête, ils sont ceux qui Me sont restés fidèles et n'ont jamais permis à un mensonge de passer leurs lèvres *(Ap 14,5)*, ils sont Mes Abels. Aux yeux du monde, tu paraîtras les avoir vaincus, mais ta

---

13. Adepte de la bête, le faux-prophète.

joie durera très peu de temps, parce que comme la foudre, Je laisserai Ma Justice te terrasser. Je descendrai ré-insuffler la vie en eux *(Ap 11,11)*, les ressuscitant sous tes yeux-mêmes comme des colonnes de lumière dans Mon Sanctuaire… et alors le Ciel s'ouvrira et tu Me verras, et si alors tu Me demandes: Pourquoi tes riches vêtements sont-ils teintés de cramoisi? Pourquoi tes vêtements sont-ils rouges, pourquoi tes habits sont-ils comme si tu avais foulé au pressoir? *(Is 63,2-3)*, Je te dirai: J'ai foulé seul au pressoir. Des hommes de Mon peuple, pas un n'était avec Moi. Dans Ma colère, J'ai piétiné Mes ennemis. Ils n'ont jamais cessé de Me défier et de Me provoquer. Je suis venu effacer de la surface de cette terre toutes les doctrines et règles humaines qui étaient une nourriture empoisonnée pour vous tous et qui vous étaient imposées par l'épée, pour profaner Ma Divinité et Ma Sainteté. Ceci sera la première bataille de la fin.
Je Suis: le Cavalier Majestueux *(Ap 19,11-13)*; Je Suis: le Verbe. Si cette terre se lamente, dépérissant, et que ses arbres ne produisent rien, et que leurs feuilles se flétrissent, c'est parce que vous n'obéissez pas à Ma Loi.

N'ai-Je pas dit: Tu ne donneras pas de faux témoignage, ni de fausse attestation? Pourtant au cœur de Mon Sanctuaire dans lequel est planté le fer de la lance[14], où parmi Mes Abels se trouvent également les Caïns, ce Commandement n'est pas observé non plus. Les prêtres désignés par Caïn sont envoyés maintenant aux quatre coins de la terre, non pour porter témoignage sur Moi comme le Ressuscité, ni pour témoigner de Mon Sacrifice, mais pour condamner Ma Parole en singeant les Ecritures, et en enseignant à toutes les nations un Faux Christ, sous un faux œcuménisme, donnant

14. Le faux prophète.

au monde une portion de Rationalisme et de Naturalisme, une nourriture profanée: un Mensonge. Je vous le dis, ils ne s'avéreront pas victorieux ni ne gouverneront jamais: la Justice prévaudra! Je ne te laisserai jamais prospérer puisque Je sais tout sur toi, et comment, par le pouvoir du dragon, tu désignes tes propres prêtres, les plaçant à des postes élevés pour écraser Mes propres prêtres et en venir à bout. Je te le dis: le temps est presque accompli. Je te désarçonnerai de ton siège élevé pour te faire tomber aux pieds de Mes propres prêtres, de Mes saints et de Mes anges, et te faire admettre que tu es l'esclave de la bête...

Bientôt, très bientôt, Je viendrai à vous comme un voleur, inattendu, et Je renverserai le Mensonge, votre Faux Christ, et Je rétablirai la Vérité. Je viendrai bientôt fracasser cette fausse image que vous êtes en train de faire de Moi, contraignant chaque nation à l'honorer *(Ap 13,16)*. Non, victorieux, vous ne le serez pas!

Filles et fils qui sont Miens, vous qui errez sans but dans ce désert, revenez à Moi, repentez-vous! Ne péchez plus. Je sais que maintes fois vous avez porté faux témoignage par manque d'amour. Mais, à cause de votre hostilité envers Moi, vous n'étiez pas sous la protection de votre berger pour vous faire enseigner Mes préceptes. Toutefois, en dépit de votre arrogance et de votre hostilité envers Moi, Je vous clame: Je vous aime! et Mon pardon vous a déjà été accordé. Revenez à Moi tels que vous êtes et Je vous revêtirai de Ma Divinité. Je vous rendrai votre divinité pour l'amour de Mon Saint Nom. Vous voulez attester? Attestez de Mon grand Amour et de Ma grande Miséricorde. Vous voulez porter témoignage? Portez témoignage en Mon Nom: Jésus Christ, Fils Bien-Aimé de Dieu et Sauveur. Aimez-vous les uns les autres comme Je vous aime. Réjouissez-vous, vous à qui a été donnée Ma manne cachée et qui avez déjà reçu le Sceau de Mon Amour sur vos fronts.

Du ciel, Je vous ai commandé de ne pas convoiter les biens de votre prochain, ni son épouse. Des laïcs aux prêtres, ce commandement n'a pas non plus été observé. J'ai révélé Mon Amour pour chaque créature sur terre, par Mon Sacrifice, et à travers ce Sacrifice, Je vous ai donné la vie éternelle et Mon Message d'amour. Beaucoup d'entre vous prêchent maintes et maintes fois l'amour, le pardon, l'humilité, la tolérance, la sainteté. Pourtant, jusqu'à ce jour, beaucoup d'entre vous sont prêts à tuer parce que vous n'obtenez pas ce que vous voulez. Vous continuez à vous lancer les uns aux autres des flèches venimeuses parce que vous n'avez pas ce que J'ai donné à votre prochain. Depuis le temps de Mon Abel jusqu'à ce jour, ce péché est constamment répété. Le premier homme à convoiter les biens de son frère fut Caïn. Mais combien plus de Caïns y a-t-il aujourd'hui? Et combien plus d'Esaüs? Motivé par la commodité et rien d'autre, il a renoncé à son droit d'aînesse, tombant dans l'apostasie. Pourquoi ne pas suivre l'exemple d'Abel et être saint? Aimer est vivre en sainteté et selon Mes Commandements. Si toi qui Me loues nuit et jour, tu convoites cependant les biens de ton prochain, Je te demande de te repentir! Si tu Me demandes: «Comment suis-je en train de convoiter les biens de mon prochain, moi qui T'ai consacré mes biens, ma vie et tout, comment suis-je en train de convoiter ses biens?», Je te dirai: ton esprit convoite l'esprit de ton prochain, ces grâces-mêmes que J'ai données à son esprit. Le démon a tendu un piège pour ton âme, n'y tombe pas! Où ces guerres et ces batailles entre vous ont-elles d'abord commencé dans Ma Maison, si ce n'est principalement par jalousie spirituelle? Caïn voulait quelque chose et il ne l'obtint pas, aussi il tua Abel. Esaü voulait quelque chose et il renonça à son droit d'aînesse pour

l'obtenir. Vous avez une ambition que vous ne pouvez pas satisfaire, aussi soit vous ignorez le bonheur de votre prochain pour le mécontenter, soit vous sortez et êtes prêts à tuer. Je te dis en vérité: si tu as l'amertume de la jalousie au cœur, ou une ambition personnelle, n'aie jamais aucune revendication pour toi-même ni ne dissimule la Vérité sous les mensonges car où que tu trouves la jalousie et l'ambition, tu trouveras la discorde, l'hypocrisie et la tiédeur.
Ne continue pas à pécher, repens-toi! Et ne te laisse pas influencer par ceux désignés par le faux prophète et sont membres de la résidence de Satan. Ne les écoute pas. Je descendrai bientôt avec Mon Trône, parmi vous. Aussi, viens te repentir alors qu'il en est encore temps.
Viens, toi qui es indécis et qui hésites entre le bien et le mal, et qui t'insinues dans la maison de ton voisin afin d'influencer de sottes femmes qui sont chargées par leurs péchés et suivent une passion après l'autre dans leur tentative de s'éduquer, mais ne peuvent jamais parvenir à la connaissance de la Vérité *(2 Tm 3,6-7)*.
Réalise combien tu es pitoyable à voir, et ne comprends pas mal Mes reproches. Réalise combien Je t'aime. Œuvre pour Ma Gloire sans regarder ni à ta gauche ni à ta droite. Car si tu regardes à ta gauche, tu apercevras des loups voraces prêts à bondir sur toi pour te mettre en pièces, et si tu regardes à ta droite, tu verras une fosse, creusée pour t'y faire tomber.
Sois heureuse donc, génération, avec ce que Je t'ai donné et partage comme Je partage avec toi. Mon Feu est imminent et, ah!... tant d'entre vous seront pris au dépourvu, parce que votre ère ne croit pas. Ils ne M'adorent pas. Ils n'espèrent pas ni ne M'aiment. Votre génération a remplacé la Vérité et Mes Commandements par des blasphèmes. L'amour manque parmi vous. Vous ne vivez pas une vie d'amour, ni n'avez compris ce que signifie: «la Crainte du Seigneur est le Com-

mencement de la Sagesse». Si vous Me craignez, vous êtes bénis; si vous Me craignez, vous pouvez atteindre la perfection; si vous Me craignez, Je vous enivrerai de Mon Vin doux et Je vous comblerai de Mon produit. Si vous Me craignez, vous vivrez en Paix. Si vous Me craignez, la Sagesse viendra jusqu'au seuil de votre porte. Si vous Me craignez, vous obéirez avec ferveur à Mes Commandements, n'En changeant pas un trait.
Aussi, Je vous recommande à vous tous de ne pas vivre en duplicité de cœur. Infusez Ma Grâce Divine dans vos âmes alors qu'il en est encore temps; repentez-vous pendant qu'il en est encore temps; revenez à Moi pendant qu'il en est encore temps. Au péché, n'amoncelez pas votre péché.
Malheur à ces âmes obstinées qui ferment leurs oreilles à ces derniers avertissements. Que ferez-vous à Mon Retour? Je suis réputé être Fidèle et Véridique *(Ap 19,11)* et Je vous le dis: la Justice prévaudra.

Ne sois pas abasourdie, Mon enfant, ne reste pas stupéfaite devant ce que Je viens de te donner à écrire, car cela a été prédit qu'en vos jours, Mon Eglise serait trahie, par l'un qui était des Miens-mêmes, exactement comme Judas, et que Son apostasie viendrait du dedans d'Elle, que Je serais trahi par ceux qui ont partagé Mes Repas, qui avaient des liens avec Moi, qui buvaient et mangeaient avec Moi.
Mais très bientôt maintenant, tout ce qui est couvert sera découvert et ce que J'avais dit en paraboles et en métaphores deviendra clair. Je dévoilerai Mes proverbes et paraboles aux pauvres. Avant que n'ait passé cette génération, par Ma Puissance et Ma Gloire, Je renverserai le Faux Prophète. Tout ce que disent les Ecritures doit s'accomplir au iota. C'est pourquoi J'ai tout écrit afin qu'après l'examen de ces messages, vous compreniez la marque de l'authenticité à chaque lettre,

et que ce sont Mes Propres Paroles qui vous sont données à tous par Ma Grâce. Je suis venu raviver cette vacillante flamme d'amour, avant que le Faux Prophète l'éteigne complètement...

(Jésus S'est mis à pleurer...)

Je pleure, c'est vrai.
Il loge dans Ma Maison et au lieu de M'offrir des offrandes parfumées et des sacrifices, il remplace ceux-ci par toutes sortes de formes de maux qui lui sont offertes par le malin: impureté, promiscuité, injustice, désobéissance à Ma Loi, débauche et beuveries du sang de Mes prophètes, les Miens-mêmes... Sa bouche profère sans cesse ses vantardises et blasphèmes aux quatre coins de la terre. Fausses bénédictions et vraies malédictions sortent de cette même bouche.
Je sais tout de lui, Je le connais à fond et Je te le dis: il n'atteindra jamais le lieu de repos.
Moi, le Seigneur, Je te donnerai, Mon enfant, des visions de celui qui porte sur lui-même le sang de beaucoup, ainsi que de ceux[15] qui l'adorent. Reste éveillée, priant en tout temps pour avoir la force de rester avec confiance debout près de Moi.
Ecoute-Moi: les péchés de ce Rebelle ont atteint jusqu'au Ciel et ont suscité Ma Justice entière, accompagnée d'un Infini Chagrin dans Mon Ame d'avoir à le condamner lui et son troupeau entier.
Mon Père les a créés avec délices et grand Amour, et Je les ai aimés et Me suis sacrifié Moi-même pour racheter non seulement les justes mais aussi les injustes; J'ai donné Ma Vie pour eux. Mais lui et son clan, au lieu de cela, se sont tournés contre Moi en pleine conscience d'anéantir leur foi...

15. Voir plus loin au 3 septembre 1990.

(Jésus S'est remis à pleurer...)

... et de briser Mon Alliance pour toujours et à jamais... Son but est de distordre les Ecritures du commencement jusqu'à la fin, et de faire de Ma Parole, de Mes Vérités, de Ma Sagesse et du langage de Ma Croix une cymbale résonnante, une théorie rationnelle, une théorie de philosophes, singeant la Sagesse, et, de ces enseignements vides, il nourrit une multitude et les conduit à leur mort.
De sa bouche vantarde, il singe la Bonne Nouvelle, il singe Ma Résurrection et Mon entière Divinité. Ah! Le temps de ton commerce est bientôt fini. Les marchands qui commerçaient avec toi et te fournissaient la meilleure qualité de marchandise seront effondrés et les gens seront horrifiés de ton sort.

Ma fille, lis Ezéchiel 28:

... bouffi d'orgueil, tu as dit: «Je suis dieu, je suis assis sur le trône de Dieu, entouré par les mers.» Quoique tu sois un homme et non un dieu, tu te considères l'égal de Dieu. Tu es maintenant plus sage que Danel. Il n'est pas de sage aussi avisé que toi. Par ta sagesse et ton intelligence, tu as amassé de grandes richesses. Tu as des masses d'or et d'argent dans tes trésors. Ton habileté au commerce est telle que ta richesse a continué à croître et, par cela, ton cœur est devenu plus arrogant. Puisque tu te considères l'égal de Dieu, eh bien! J'enverrai des étrangers contre toi, les plus barbares des nations. Ils tireront l'épée contre ta belle sagesse, ils profaneront ta gloire. Ils te jetteront au fond de la fosse et tu mourras de mort violente, entouré par les mers. Vas-tu continuer à parader comme le Grand Prêtre vêtu d'argent et d'or? Diras-tu encore: «Je suis un dieu, un Prophète», alors que tes meur-

triers t'affrontent? Non, tu es un homme, et non un dieu, entre les griffes de tes meurtriers! et tu mourras comme l'impie entre les mains des étrangers. Tu fus jadis un modèle de perfection, plein de sagesse, parfait de beauté. Tu étais en Eden, dans le jardin de Dieu, au Cœur de Mon Sanctuaire, mais ton commerce actif t'a rempli de violence et de péché. Tu as corrompu ta sagesse à cause de ta splendeur. Par le nombre immense de tes péchés, par la malhonnêteté de ton commerce, tu as profané Mon Sanctuaire. *(Ez 28,2-18)*

Puis lis Apocalypse 18.

Maintenant, la sentence est en train d'être prononcée sur ce monde. Maintenant, le prince de ce monde doit bientôt être renversé.

La seconde bête, alias le Faux Prophète, le «grand prêtre», la Lance, les chacals, tous ne font qu'un et le même. Il est celui qui s'est armé lui-même jusqu'aux dents pour faire la guerre à Ma Loi[16] et à Mes prophètes[17]. Lui et son clan sont les chacals que Je vous ai mentionnés dans Mes précédents Messages. Je suis fatigué de lui et de tout son clan, et Je ne prends aucun plaisir à punir. Je voulais les racheter en les adoptant comme Mes fils mais ils se sont laissés acheter par de riches marchands qui tomberont avec eux. Ressens Ma douleur, ressens Mon chagrin, ressens Ma souffrance. Ils sont idolâtres de l'argent…

— Mon Dieu, viens Te reposer dans les cœurs de Tes Abels, ceux qui T'aiment réellement. Peut-être qu'il y en a peu, pas beaucoup, mais ce sont Tes saints, qui endurent des épreuves. Ils sont le peuple qui T'aime. Ce sont ceux qui ont constance et foi. Ils sont Tes compagnons; ils sont Tes prémices qui n'ont

16. Figurée par Moïse (Ap 11,1-13).
17. Figurés par Elie (Ap 11,1-13).

jamais permis à un mensonge de passer leurs lèvres. Je Te les offre afin que Tu puisses Te reposer en eux.

— Je reposerai Ma Tête dans les cœurs de Mes enfants dévots (les saints de votre ère). Viens, aime-Moi; console Mon Cœur. Et répare pour ceux qui sont en train de priver de Mon Amour des nations entières en bâtissant un mur entre Moi et Mes enfants.

Je n'ai jamais privé une âme de Mon Amour.

Prie sans cesse, Ma Vassula. Beaucoup seront purifiés par les prières. Beaucoup seront purgés par les sacrifices et le jeûne. Ne traîne pas, le temps presse. Bénis-Moi plus. Efface l'iniquité du monde en Me donnant et en Me montrant plus d'amour. Ah! Vassula, Ma fille, fais-Moi plaisir en Me disant ces mots:

Jésus, enseigne-moi à T'aimer tendrement;
donne cette grâce à ceux qui ne T'aiment pas
et qui ne connaissent pas
le Feu consumant de Ton Sacré-Cœur. Amen.

17 août 1990

— Je viens à Toi, mon Yahvé, Te demander de pardonner mes péchés. Seigneur, écoute ma supplique. Je sais que Tu nous pardonnes et que Tu passes sur nos péchés.

— Je te pardonne. Je te pardonne, plutôt que de laisser Ma colère te frapper… Désolée et inhabitée tu étais; tu étais célèbre pour ton désert. Tu étais comme un jardin sans eau et Moi, comme un cours d'eau courant dans un jardin, Je suis venu à toi irriguer ton sol. Je t'ai sauvée des griffes de Mon ennemi. Le lion t'a lâchée et ta terre est maintenant un jardin, grâce à Mon Amour Infini et à Mon Infinie Miséricorde. Je suis ton Sauveur et Jésus est Mon Nom.

— Permets-Moi d'écrire le message suivant pour un rhodien: Moi le Seigneur Je suis devant lui, et devant lui Je place du feu et de l'eau. Je lui ai donné la liberté de choisir. Il peut avancer sa main vers ce qu'il préfère. Je note chacun de ses actes. Je note sa sincérité consciente et directe envers Moi ainsi que son manque de sincérité conscient et direct envers Moi. «Hâte-toi de venir à Moi et Je raviverai ta flamme. Le peu de flamme qui reste en toi est en train de s'éteindre rapidement! *(Ap 3,2)* Je t'aime d'un Amour éternel et Ma Miséricorde est Insondable. Tu jouis de Ma faveur.»

Beaucoup d'entre vous disent aujourd'hui: «Buvons, mangeons aujourd'hui, demain nous serons morts.» Ne vous mentez pas à vous-mêmes... revenez à vos sens et tournez-vous vers Moi votre Dieu. Obéir à Ma Loi, c'est M'aimer et quiconque vit dans l'amour vit en Moi. Je n'ai pas besoin des philosophes et des sages de votre époque, ni de maîtres. J'ai besoin de faiblesse... de pauvreté... de simplicité... tu vois? Les jours viennent où Je mettrai Ma Loi dans vos cœurs. Je viens en ces jours de Miséricorde préparer les nations et leur rappeler que Je peux purifier votre intérieur des actes vils et morts qui peuvent vous conduire dans les feux éternels. Mais le cœur de cette génération est devenu grossier et bien que Je sois en train de parler ouvertement aux nations, elles ne M'écoutent toujours pas. Viens, prends ta croix et suis-Moi. Je bénis chaque pas que tu fais.

ΙΧΘΥΣ

(Plus tard, au petit groupe de prière, à Rhodes:)

— J'en ai invité beaucoup à Mon Banquet, mais très peu sont désireux de venir[18], aussi Je vous le dis: allez maintenant vers les pauvres! allez vers les aveugles! vous en trouverez certains déjà morts, mais ne vous inquiétez pas, Je les ressusciterai. Je vous ai tous relevés et J'en relèverai bien d'autres. Aussi sortez vers les pauvres et les malades et assurez-vous de remplir Ma Maison! Que ceux qui étaient invités les premiers à Mon banquet mais qui ont refusé de venir soient étonnés de voir les aveugles ayant recouvré leur vue et les pauvres, riches de Ma Connaissance! et les morts ressuscités à la Vie! Prospérez dans Mes Richesses et ne dépérissez pas! Soyez constants et œuvrez pour Ma Gloire... enfants, effacez votre égoïsme. Mon Royaume est tout proche, maintenant. Soyez zélés et suivez Ma Parole, gardez-vous purs et apprenez à vous effacer vous-mêmes afin que Mon Esprit respire en vous. Je vous ai choisis, Mes anges, non parce que vous êtes dignes mais parce que vous êtes pauvres et misérables. Glorifiez encore Mon Nom en vous rencontrant pour Me servir. Soyez actifs en toutes les bonnes œuvres. Je suis avec vous tout le temps.

ΙΧΘΥΣ

3 septembre 1990 — De retour en Suisse

(Je suis allée rencontrer un prêtre. Il appartient à un ordre religieux et je sais comment sont les vêtements de cet ordre. Lorsque la porte s'ouvrit et que je le vis, je fus saisie de surprise de me trouver

---

18. Le petit groupe de prière a essayé plusieurs fois d'inviter des prêtres et archimandrites connus, même des moines très connus, mais chacun avait une excuse et ils n'ont montré aucun intérêt pour les messages du Seigneur. Ils étaient très polis.

en face de quelqu'un qui semblait porter un déguisement de fantaisie! Il portait sur lui un long vêtement mauve qui semblait de satin. Je pouvais voir que l'intérieur de ses longues et larges manches était olive clair, et il portait autour de la taille une ceinture de fantaisie, d'or et d'argent. Autour du cou, il portait une lourde chaîne d'or. Il ne portait aucune croix sur lui. Il ressemblait à un roi du passé. De prime abord, je pensai que peut-être à cause de son rôle spécial, on l'avait habillé ainsi. Puis, lorsqu'il m'a accueillie, je regardai son visage, oubliant ce qu'il portait. J'étais accompagnée de X., un autre prêtre du même ordre, lequel n'eut pas de réaction particulière. J'ai pensé que tout était normal et je n'y ai plus repensé jusqu'à ce que je me remémore le message du Seigneur, où, une semaine avant cet incident, Il me disait à propos du Faux Prophète et de ses adeptes: «Moi le Seigneur, Je te donnerai, Mon enfant, des visions de ceux qui l'adorent.» Cet après-midi-là, je n'avais pas vu un prêtre normal, j'avais vu quelqu'un habillé comme un roi (Ez 28,13), comme un «Grand Prêtre», en vêtements de fantaisie.)

— Vassula, Je t'ai dit que Je te désignerai de Mon Doigt toutes les épines de Mon Corps.

(J'ai ouvert la Bible au hasard et j'ai obtenu cette prophétie: «Un homme qui fait une telle chose aurait dû être exclu de la communauté» [1 Co 5,2]).

10 septembre 1990

— Yahvé Sabaoth, ramène-nous, que Ton Visage sourie et nous serons sauvés *(Ps 80,4)*.

— La paix soit avec toi. Appuie-toi sur Moi…

Je ne t'ai pas formée pour rien. Je n'ai pas commencé cette Œuvre avec toi pour la laisser inachevée. J'ai béni Mon

Œuvre afin qu'elle Me glorifie, et toi, toi qui n'es rien et qui n'as aucun don à M'offrir, Je t'ai donné sur tes épaules Mon Joug pour confondre les sages et les disperser, et leur montrer qu'aussi longtemps qu'ils maintiendront leur attitude, Moi le Seigneur Je ne Me révélerai pas à eux, mais à toi, Ma fille. Oui... Chancelle de perplexité devant Mon choix, car quel homme peut-il dire «J'ai purifié mon cœur, je me suis purifié de mon péché»? Cependant, tes persécuteurs, sourds à Mes Enseignements, espèrent trouver quelque chose à utiliser contre toi. Je te le dis solennellement, de tous les enfants nés d'une femme, il n'en a jamais été vu un moindre que toi. Ta plaie, Ma fille, Me blesse aussi... oui, toute cette génération est adultère... mais J'entends sauver cette génération comme Je t'ai sauvée. Même si Je dois la traîner au désert et faire envers elle comme Je t'ai fait[19]: J'exposerai sa nudité sous ses yeux, et au premier signe de repentir, Je volerai à elle comme J'ai volé à toi. Puis, en présence de Mes anges, Je lui chanterai Mon Chant d'Amour. Je la détournerai du chemin de l'illusion et lui accorderai la grâce de Ma Loi. Puis, Je prendrai sa main dans Ma Main pour la guider et la ramener dans Ma Maison, où Je lui montrerai toutes les Richesses de Mon Sacré-Cœur. Ces Trésors, Mon Cœur les a gardés pour la fin des Temps: pour ranimer cette flamme vacillante, sur le point de s'éteindre, en un Feu Ardent, pour donner la lumière à ceux qui vivent dans l'obscurité et dans l'ombre de la mort. Vassula, Ma fille, tes persécuteurs essaieront de te dépouiller des vêtements que Je t'ai donnés et de te dérober Mes joyaux! Mais Je te promets d'ôter chaque main qui t'approchera. J'entends mettre un terme à leur débauche et à leur égarement. J'entends afficher un avis qui restera ferme à jamais:

19. Une purification, comme au purgatoire, où j'ai vu mes péchés avec les Yeux de Dieu.

Moi le Roi des rois, l'Agneau de Dieu, le Premier et l'Ultime, le Verbe de Dieu, le Ressuscité, le Christ, le Rédempteur, J'entends abolir et mettre un terme à cette conspiration contre Mon Eglise, ainsi qu'à leurs faux enseignements de Ma Parole et de Mon Image.
Je ne parle plus en métaphores, Je vous dis en termes clairs qu'ils sont en train de conférer un titre qui ne M'appartient pas et qui n'est pas Moi: un faux Christ, une image sans vie, un faux dieu, subtilement caché sous un faux œcuménisme…
Mais Je te promets, Mon enfant, qu'à la fin Je prévaudrai. Je terrasserai ces faux maîtres de votre ère et Je vous donnerai les trésors cachés de Mon Sacré-Cœur, mettant sur votre langue le langage de Ma Croix qui est Amour, avec tous ses Mystères et Miracles et Merveilles!
Alors Je rappellerai à Mes bergers les mots: «conduire et servir». Je leur commanderai qu'ils ne doivent pas être comme des grands hommes faisant sentir leur autorité aux pauvres. Non, quiconque veut être grand parmi les pauvres doit être leur serviteur, et quiconque voudrait être le premier d'entre eux, doit être le moindre. Exactement comme Je suis venu sur terre non pour être servi, mais pour servir et donner Ma Vie en rançon pour une multitude. Et toi, petit enfant, n'aie pas peur de Moi[20]. Je maintiendrai Ma Lumière en toi pour toujours et à jamais! Prie pour le salut et la conversion de ton ère. Je te bénis. Bénis-Moi et aime-Moi.

ΙΧΘΥΣ

20. J'avais peur que Jésus soit peiné par moi.

12 septembre 1990

— Jésus?

— Je suis. La Paix soit avec toi, Ma fleur. Ecris Mon message pour toutes les parties du monde:

La Paix soit avec vous. Enfants de Mon Cœur, réalisez comme le Ciel s'ouvre chaque jour à vous par Ma Grâce, pour vous donner des appels, pour des conversions... des rappels de Ma Parole... des instructions pour vous apprendre à suivre Mes Commandements. Le Ciel ouvre chaque jour Ses Portes en plusieurs endroits du monde pour vous apporter la Paix et l'Amour. Et la Sagesse descend dans toute Sa Gloire sur un Trône juste au milieu de vous tous, pour ouvrir les yeux aux aveugles, pour ouvrir les oreilles aux sourds et pour ressusciter les morts qui jonchent ce désert.

Non, la Sagesse ne Se manifestera pas à une âme rusée. Elle ne viendra instruire que le pauvre et le simple, et déverser sur eux toutes Ses Œuvres, car ces âmes-là savent comment Me craindre, Moi le Seigneur, et chérir Ma Parole. Quel plus grand don alors que de vous L'apporter jusqu'au seuil de votre porte? Quelle plus grande joie que Son sourire sur vous? Quel plus grand délice que de L'entendre vous chanter Son Nouveau Cantique d'Amour? Réjouis-toi donc, création! car Je Suis à tes portes-mêmes... Cette joie a été réservée à ton époque, génération, alors que Satan et tout son empire ainsi que son autorité mondiale, uni au faux prophète dont vous entendez les pas de plus en plus clairement chaque jour et partout, sont en train d'accéder au sommet de leur puissance dans Mon Eglise et dans toutes les nations. Ils sont armés jusqu'aux dents pour faire la guerre à Mon Eglise et à tous ceux qui obéissent à Mes Commandements.

J'ai réservé pour votre temps, enfants bien-aimés, cette Céleste Manne donnée par Mon Esprit. C'est cette Manne cachée *(Ap 2,17)* que J'ai réservée aux temps de désert et d'iniquité. C'est la nourriture des pauvres et de ceux qui sont affamés, et Je vous promets qu'ils recevront à manger autant qu'ils voudront, et à eux, Je conférerai Mon Nouveau Nom. C'est cette Nourriture Céleste que Je déverse du Ciel. C'est: l'effusion de Mon Saint Esprit, remplissant votre désert intérieur. C'est l'Amour qui parle à un monde hostile. C'est l'Amour qui frappe à chaque porte verrouillée. C'est l'Amour qui appelle depuis l'autre côté du Mur qui nous sépare, bâti par Mes ennemis. C'est l'Amour qui supplie tel un mendiant pour un retour d'amour... un sourire... un regret... un soupir...

C'est Moi, le Sacré-Cœur.

Je viens une fois de plus raviver cette flamme mourante dans votre cœur en un Feu Consumant de Tendresse et d'Amour. Je descends pour déverser avec prodigalité tous les Trésors de Mon Cœur sur toi, humanité... et illuminer ceux qui demeurent dans les ténèbres et l'ombre de la mort. Je viens briser en éclats les portes de tes cachots, et de Ma Flamme, faire fondre tes chaînes de péché. Je viens te libérer de ta captivité et de ton iniquité et mettre fin à ta débauche. J'entends te sauver, génération. Même si Je dois te traîner tout le long jusqu'au désert pour te parler, te montrant ton aridité et comme ton corps tout entier est rempli d'obscurité, Je le ferai pour te sauver. Ah! Création! Que ne ferai-Je pas pour toi...

Mon Esprit est sur toi et Il reposera sur toi pour toujours et à jamais. Aussi, ouvrez vos cœurs et laissez-Moi vous combler de Ma Grâce. Venez puiser votre force de Moi, renforcer vos racines en Moi, car que ferez-vous alors au jour de la Tribulation si vos racines sont fragiles? Vous serez ébranlés par le vent, déracinés par la violence de la tempête, et vos branches se briseront comme de la verroterie. Non, vous serez incapables de survivre. Alors venez à Moi et prospérez dans Mes Richesses afin que vous ne dépérissiez pas. Venez à Moi tels que vous êtes. N'attendez pas d'être saints pour venir à Moi. Venez à Moi comme vous êtes et Je pardonnerai vos péchés et Je purifierai votre âme. Alors Je vous revêtirai de Ma Divinité pour l'amour de Mon Saint Nom pour vous préparer à nos Noces spirituelles. Moi le Seigneur J'entends t'épouser dans Ma Gloire et te faire, génération, entièrement Mienne. J'entends te faire trouver le Chemin et guider tes pas hors des sentiers tortueux. Je vais te préparer à être à Moi à jamais et pour toute l'éternité.

Aujourd'hui, Je Me courbe du Ciel jusqu'à vous par Amour et Miséricorde, mais en même temps, Mon Ame est douloureuse et dans un indicible chagrin de trouver Mes agneaux et Mes brebis, certains dispersés, d'autres perdus, d'autres encore dévorés par des loups cachés sous des peaux d'agneaux. Aussi, ne soyez pas surpris de Ma visite parce que chaque jour qui passe, vous Me verrez de plus en plus jusqu'à ce que vous Me rencontriez face à face. Je viendrai en un feu ardent balayer tous ceux qui ne Me reconnaissent pas comme leur Dieu et Je vous dis: le temps presse, les heures fuient et le Jour de Ma Gloire est bientôt là. Ne soyez pas l'un de ceux qui disent: «Eh bien! Où est-il cet Avènement?»; «Où est-elle, cette Promesse?». Ma Venue est proche et Ma Promesse est en passe de se réaliser, et votre attente sera abrégée par égard pour les prières de Ma Mère unie à tous Mes saints. Ainsi alors, Mes bien-aimés, dans cette attente, réconciliez-vous et vivez saintement afin que Je vous trouve en paix. Je reviendrai très bientôt maintenant comme Amour. Toute chose a une fin, et un jour vous aurez tous à Me répondre et

à Me rendre vos comptes. Aussi, qu'arrivera-t-il au méchant et au pécheur? Et qu'arrivera-t-il à ceux qui continuent à M'offenser?
Je suis Fidèle et Véridique et Ma Promesse se vérifiera. Je ne tarderai pas. Car autant vous entendez les pas du faux prophète et de son clan à la surface de la terre, d'autant plus Je vous ferai entendre Mes Propres Pas pour essuyer de Mon Sang les traces du venin qu'ils laissent sur leur passage comme appât pour vous.
Ce Rebelle et son clan sont maintenant prospères, dissimulé sous des vêtements de Grand Prêtre, dissimulé sous l'apparence d'un agneau, dissimulé sous l'apparence de la Vérité, pour en tromper beaucoup et les conduire tous à leur mort.
Je ne parle pas en paraboles, maintenant, mais en paroles directes. Les temps sont arrivés, ces temps annoncés dans l'Ecriture, où Mes ennemis conféreront un titre qui ne M'appartient pas et n'est pas Moi: un faux Christ, une image sans vie, un faux dieu, une idole, subtilement caché sous un faux œcuménisme: le Fer de la Lance profondément fiché dans Mon Sacré-Cœur et cause de l'effusion de tant de Sang... Par l'épée ils vous forceront à manger leur nourriture souillée: une portion de Rationalisme un jour, et une portion de Naturalisme le jour suivant, et ainsi de suite, singeant la Vérité, Ma Parole, la Sagesse et le langage de Ma Croix. Mais un Feu descendra du Ciel et les dévorera, lui et son clan. Cela est sûr et se vérifiera.
Je vous dis toutes ces choses, bien-aimés, afin de vous mettre en garde contre ces faux maîtres et contre ces doctrines humaines, et pour vous dire que dans ces jours de tribulation à venir, Mon Sacré-Cœur qui est en Feu continuera à vous poursuivre. Comme le mendiant espérant une aumône, Moi aussi J'espère gagner votre cœur avant la venue de l'obscurité sur vous. Je bénis chacun de vous, laissant Mon Soupir

d'Amour scellé sur vos fronts. Moi, Jésus-Christ, Fils Bien-Aimé de Dieu et Sauveur, Je vous laisse de tout cœur avec Ma Paix. Je vous aime infiniment. Soyez un.

ΙΧΘΥΣ

CAHIER 46

18 septembre 1990

— Mon Seigneur,
Toi qui me gardes du mal
et entoures mon âme de Tes Chants d'Amour,
fais que Ta Sainte Face sourie sur tous ceux qui T'aiment.
Enseigne à la jeunesse d'aujourd'hui à Te suivre et à T'imiter.

Montre-leur les Trésors de Ton Sacré-Cœur
et enseigne à ceux qui ne comprennent toujours pas
et qui hésitent, indécis,
devant ce Saint Nom que Tu T'es choisi: Sacré-Cœur,
que c'est Toi, le Christ.

Fais que ceux qui persistent à se différencier
à cause de la terminologie théologique,
bien que se réclamant de Ton Saint Nom,
recouvrent leur raison et réalisent
combien ils encouragent cette Division dans la Chrétienté,
et à quel point ils ne font pas Ta Volonté,
mais accordent à Satan une prise de plus
pour lui permettre de nous maintenir séparés,
affaiblissant ainsi Ton Eglise.

Tu es Jésus-Christ,
le Fils Bien-Aimé de Dieu et le Sauveur,
le Sacré-Cœur, le Verbe,
l'Alpha et l'Oméga, la Lumière, le Rédempteur,

le Pantocrator[21], le Tout-Puissant:
Tu es UN SEUL Christ.
Tu n'es pas morcelé.

Aussi, je Te prie, Toi qui nous veux unis,
de nous réunir dans l'amour, par le cœur,
dans notre foi et notre pratique.

— Cela, Mon enfant, est ce que tu dois leur enseigner à croire et ce que tu dois les persuader de faire. Mais, Mon enfant, il y aura ceux qui n'écouteront pas, à cause de leur autosuffisance. Ces gens pèsent lourdement sur Mon Cœur. Ils manquent d'humilité et de vraie Sagesse. Ils ne sont pleins que des convictions antagonistes d'une «connaissance» qui n'est pas du tout la Connaissance, lorsqu'ils se mettent à juger, à condamner et argumenter sur des mots, soulevant sans cesse des questions, mais ne réalisant cependant jamais qu'ils sont la proie du Tentateur.

O Mon enfant, supporte ces difficultés par amour pour Moi. Tout cela ne sera pas en vain: un jour tu verras la Lumière face à face... Viens maintenant te délecter dans Mon Amour et dans Ma Tendresse. Repose ta tête sur Mon Cœur et écoute les appels de l'Amour. Réjouis-toi en Moi, réjouis-toi dans Ma Splendeur et dans Mes Richesses. J'ai réservé cette Richesse pour toi, génération, pour te conduire à Moi avec des chaînes d'Amour. Et si vous Me demandez: «dans combien de temps s'accomplira cette Merveille?», Je vous dirai: elle est déjà en train de s'accomplir. Mes pas ont été entendus par certains d'entre vous. Le Seigneur que vous recherchez arrivera soudainement sur vous. Celui après qui vous soupirez S'en vient. Aussi, Je vous le dis: ne résistez pas à Mon Saint Esprit qui viendra maintenant en pleine force pour

21. En grec: Le Tout-Puissant.

défaire le linceul de mort qui couvre vos nations, vous interdisant de voir la Lumière. Je descendrai en pleine force avec Mon Esprit pour démasquer les trompeurs et chasser les marchands qui se sont infiltrés dans Mon Sanctuaire. Tourne tes yeux vers Moi, génération et regarde la Joie qui S'en vient très bientôt à toi. Mon Saint Esprit descendra dans Sa plénitude non seulement pour sauver les misérables, mais Je descendrai aussi pour un jugement, pour donner la vue aux aveugles et ôter la vue à ceux qui disent qu'ils voient, et ceux qui se prétendent sages et instruits, Je les confondrai au point qu'ils ne sauront plus qui ils sont ni d'où ils viennent.

Je vous le dis solennellement: J'instruirai les indignes, et ceux que vous appelez sots et méprisables, Je les élèverai et les instruirai de Ma Connaissance, faisant d'eux de dévoués élèves de la Vérité, pour faire honte à ceux qui leur cachent Mon Royaume. Je vous le dis: «Les morts arriveront avant vous[22] dans Mon Royaume.»

Mon Esprit de Grâce est venu à vous, à vos portes, mais vous n'avez pas voulu croire en Mes Merveilles ni en Mes Miracles, et pourtant, ceux que vous estimez méprisables et qui sont les rejets de votre société, croient avec humilité, avec ferveur et avec amour. C'est pourquoi Je ramènerai les pécheurs et ressusciterai les morts en des colonnes de lumières. Mais à Mon profond chagrin, même après que vous aurez vu ces grandes merveilles, vous refuserez toujours de changer d'avis à leur sujet et de croire à Mes présentes Œuvres Divines.

Aussi Je vous le dis:

«Mon Royaume vous sera enlevé
pour être donné à un peuple de pauvres,

22. Les sages.

à des gens qui ne savent pas
distinguer leur main droite
de leur main gauche,
et c'est à ces misérables
que Je conférerai Mon Nouveau Nom.»

ΙΧΘΥΣ 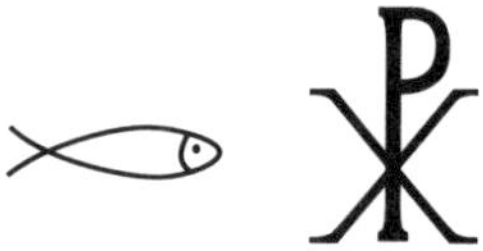 [23]

(Plus tard)

— Vassula de Mon Sacré-Cœur[24], ne permets pas à qui que ce soit de t'enlever le don que Je t'ai donné.

— Seigneur! Interdis-leur de me faire cela. Par moi-même, je ne peux rien et je suis limitée, comme Tu le sais!

— N'aie pas peur, Vassula, Ma fille. Mes ennemis, qui sont aussi tes ennemis, Je les vaincrai et Mes Enseignements en convertiront bien plus. Tu vois? Combien de fois t'ai-Je sauvée de la gueule du lion? et combien de fois t'ai-Je montré le Chemin? Ah! Ma douce élève[25]! Aie confiance en Moi, dépends de Moi. Demande, et cela te sera donné. Viens. Evangélise avec amour pour l'Amour. Gagne des âmes pour Moi. Désire-Moi, aime-Moi et aie confiance en Moi.

ΙΧΘΥΣ 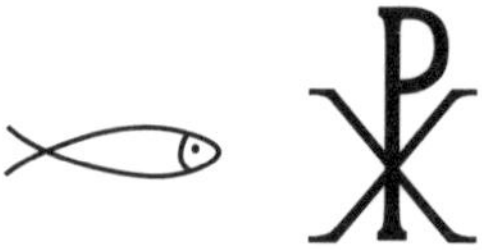 **Ecclesia revivra!**

23. P = rima = le Verbe; X = Xristos = Christ.
24. Ici, j'ai pensé que je suis probablement la première orthodoxe à être appelée «Vassula de Mon Sacré-Cœur».
25. Jésus était tellement rempli de joie, alors qu'Il disait tout fort ces mots!

19 septembre 1990

— Seigneur, prends mon âme et mon cœur
et place-les au milieu de Ton Sacré-Cœur.

— Ah! Mon enfant, comme J'ai soupiré de t'entendre Me redire ces paroles! Comme Je soupire d'entendre ces paroles du cœur de chacun!

20 septembre 1990

— Seigneur?

— Je suis. Viens Me consoler; viens Me réconforter; repose-Moi. Je t'ai créée afin que Je puisse être le Seul et Unique dans ton cœur, Je t'ai créée pour que tu enlèves Mes épines qui ont pénétré Mon Corps. Je t'ai créée pour être la victime de Mon Cœur. Je t'aime à la passion. Accepte Mon Amour; accepte Ma Connaissance; accepte les épreuves avec patience et ne les regarde pas avec dédain. J'ai accepté Ma Croix avec grand Amour, avec obéissance, et J'ai bu Ma Coupe jusqu'à sa dernière goutte, par Amour, et pour plaire au Père dans le Ciel. Je suis seulement en train de te discipliner dans la modération, Ma fille. Si tu M'écoutes, tu apprendras. Mes Yeux t'observent constamment, te gardant et te bénissant.

Je suis Celui qui t'aime le plus, aussi n'aie pas peur, Vassula, Ma fille. Ne redoute pas Ma discipline qui t'orientera dans Ma direction, te montrant la magnificence de Mes Œuvres, leur Splendeur et les Richesses de Mon Cœur, et le Feu Consumant de Mon Amour. T'ai-Je fait défaut? Ai-Je jamais résisté à tes appels lorsque tu avais besoin de Moi?

Nations bénies, peuples bénis, création bénie! Alors comment se fait-il que vous résistiez à Mon Amour et que vous vous soyez égarés pour devenir une proie facile pour Satan en vous permettant d'invoquer Mon Nom en vain? <u>L'esprit qui</u>

est en toi, génération, est un esprit rebelle, vous menant tous à vivre une vie sensuelle, une vie sans but, une vie impie, troquant la sainteté contre la perversion.

O génération! Où est le Signe entre Moi et toi? Qu'En as-tu fait? Où est ta foi en Moi? Comment t'es-tu permis d'aller jusqu'à renoncer à Moi? N'as-tu pas déjà entendu que plus tu te rapproches de Moi, plus Je Me rapprocherai de toi? Garde tes yeux fixés sur Moi sans regarder ni à ta gauche, ni à ta droite. Que Je puisse dire un jour: Mon enfant, bienvenue dans la Maison de ton Père. Tu as été un parfum apaisant pour Moi. Tu as observé Ma Loi et vécu saintement. Tu as fructifié et tu as nourri les pauvres. Alors viens, Mon enfant, jette-toi dans les Bras de ton Père et vis pour toujours et à jamais dans Mon Cœur.

IXΘΥΣ

21 septembre 1990

— Mon bien-aimé Yahvé,
rends-nous encore une fois divins,
renouvelle-nous,
façonne-nous à Ta Divine Image,
cette Sainte Image que nous avons perdue.

— Ma Vassula, J'entendrai ta supplique, et de même que J'ai fait pleuvoir sur toi Mes Bénédictions, Je couvrirai cette terre de splendides vêtements, la revêtant d'une glorieuse perfection, et faisant tomber son peuple la face contre terre, en adoration devant Moi. Mais d'abord, Je dois faire descendre Mon Feu Purificateur sur cette génération. Je dois descendre pour extirper de leurs repères les renards qui ravagent chaque nouveau vignoble.

Je vous ai dit cela maintenant, avant que cela arrive, afin que lorsque cela arrivera, vous puissiez croire. Comme ressuscitant un cadavre de la mort, Je ressusciterai le corps en décomposition de cette terre en un corps glorieux, vous transfigurant, des prêtres aux laïcs, en un divin peuple. Aujourd'hui, votre génération manque de foi et refuse de croire en Moi, et chaque jour qui passe, de plus en plus de Mes bergers sont capturés par le monde et par le leurre des richesses. Ils singent la Sagesse, et lorsque la Grâce vient à eux, à leurs pieds, ils refusent cette Grâce. Ils ne veulent pas recevoir la Grâce en retour de la grâce. Il y a une division dans Mon Eglise. Comme Caïn et Abel, frères, et pourtant divisés. D'un même sang, mais cependant différents. Abel était compétent, mais Caïn, incompétent. L'un était sincère, l'autre ne l'était pas. L'un était plaisant et bien disposé, l'autre était malintentionné et Me déplaisait.
Et aujourd'hui, Mes Abels qui officient dans Mon Eglise, souffrent... Ils souffrent parce qu'ils voient que leurs propres frères Me trahissent. C'est le fléau qui pèse lourdement sur Mes bergers et fait de cette fraternité une fraternité brisée et divisée. Heureux l'homme qui observe Mes Commandements, car il ressentira Mon Amour apaisant. Heureux les artisans de paix, lorsqu'ils œuvrent pour la paix, ils seront appelés Mes fils. Bientôt l'Amour sera avec vous, c'est pourquoi, il doit y avoir de la constance chez Mes Abels qui observent Mes Commandements et gardent leur foi en Moi. Ma Vassula, Je te donnerai le reste[26] plus tard. Sois persévérante dans tes prières et sois reconnaissante. Délecte ton Père

26. Le reste d'un passage de la Sainte Bible que Jésus voulait m'enseigner.

qui est dans le Ciel. N'aie pas peur... Je suis avec toi. Les Yeux de l'Amour sont sur toi. Jésus est Mon Nom.

ΙΧΘΥΣ

— Alléluia!

24 septembre 1990

— La paix soit avec toi. Vassula, Je ne te ferai jamais défaut. Prolonge les prières que tu M'adresses, cela plaît à Mon Cœur. Dis:

«Jésus, Tu m'as sauvée; sois béni.
Jésus, Toi qui me nourris, sois béni.
Jésus, je T'aime; enseigne-moi à T'aimer plus.
Amen.»

Caresse-Moi par ces simples mots, mais qu'ils viennent de ton cœur. Ah! Ma bien-aimée! Bénis-Moi sans cesse. Repose dans Mon Cœur et console-Moi comme Je te console. C'est, Ma Vassula, ce dont J'ai besoin maintenant.

25 septembre 1990

(Message à nous tous, de Notre Sainte Mère, pour la réunion de prière du 6 octobre 1990 à Notre-Dame des Marches, Broc, Suisse:)

— La Paix soit avec vous, enfants bien-aimés. Permettez-Moi de vous rappeler que le Seigneur connaît chaque cœur. Le Seigneur est à la recherche de votre cœur. Venez à Lui avec un cœur pur et Il vous enseignera. Le Seigneur réconfortera votre âme. Il vous conduira dans Son Chemin et dans la Vérité. Je vous en supplie, vous qui hésitez encore, ne fermez pas votre cœur à la raison, revenez au Seigneur et Il reviendra à vous.

Une Joie descendra maintenant du Ciel parmi vous. Une Lumière brillera au milieu de vous. Soyez préparés à recevoir cette Lumière. Soyez préparés à rencontrer le Seigneur.

Aujourd'hui, qui a les mains propres? Et qui peut dire en vérité que son cœur est pur? Quelle est l'âme qui est en parfaite harmonie avec le Seigneur? Bien-aimés! Miens! Mes enfants... Le chemin qui mène au Seigneur est au milieu de vous, il se trouve dans le pays des vivants. Levez alors vos mains vers Son Sanctuaire et le Seigneur Se penchera des Cieux pour vous attirer à Lui. Levez vos mains vers Lui, et Lui, plein de Compassion, Se penchera vers vous. Venez au Seigneur sans délai. Levez vos yeux vers le Ciel et ne regardez nul autre que Lui, le Seigneur votre Dieu. Ne vous délectez en nul autre que Lui, votre Sauveur; cherchez, ne recherchez nul autre que le Seigneur, votre Rédempteur. Chantez, chantez à nul autre qu'au Saint des Saints. Dois-Je vous rappeler que le Seigneur est Tendresse et Compassion, lent à la colère et riche en Grâce?

Jésus a été la Pierre, rejetée par les bâtisseurs, qui est devenue la Clef de Voûte. Je vous dis en vérité que le Royaume de

Dieu est parmi vous et que Son Saint Esprit de Grâce souffle maintenant avec douceur sur vos nations pour vous ressusciter. Aussi, venez voir les Noces du Saint Esprit qui épousera vos pays. Ne rejetez pas l'Esprit Saint qui est si manifestement déversé sur vous. Ne soyez pas comme les «bâtisseurs» qui ont rejeté la pierre qui est devenue la pierre angulaire. Dieu veut que chacun soit sauvé et voici maintenant Mon avertissement solennel à tous ceux qui entendent les prophéties de ce livre:

n'étouffez pas l'Esprit,

l'Esprit qui maintenant souffle sur vous au milieu et à l'apogée de votre apostasie. Ne dites pas plus tard, au Jour du Jugement: «Je n'ai jamais entendu, je n'ai pas su.» Jésus et Moi sommes en train de vous révéler les choses à l'avance, avant qu'elles arrivent, afin que vous ne puissiez pas dire, lorsque vous rencontrerez Dieu face à face: «Je l'ignorais...»

... La citadelle des orgueilleux tombera...
et les démons seront extirpés de ses entrailles.

Soyez bénis. Soyez bénis de M'avoir écoutée.
Je suis votre Maman Bien-Aimée, la Théotokos[27] qui vous aime tous.

28 septembre 1990

— Jésus?
— Je suis. Appuie-toi sur Moi. Appuie-toi sur Mon Epaule. Comme Je suis venu à toi et t'ai tirée de la fosse et t'ai portée dans Ma Maison, où Je t'ai guérie, de même, Je continuerai

27. La Mère de Dieu.

à aider tes pieds à rester dans le Droit Chemin. Que tes mains s'agrippent à Moi. Je te sais craintive[28] mais Je te rendrai forte pour t'opposer au mal.
Ah! création! La Miséricorde descend maintenant avant le Jugement. Accueillez maintenant Ma Miséricorde et Mon Esprit reposera sur vous. Approchez-Moi, vous qui Me désirez, et rassasiez-vous de Mes Inépuisables Puits de Vie, car ceux qui Me mangent désireront en manger plus et ceux qui Me boivent voudront en boire plus *(Si 24,21)*.
Et Moi, comme de la Manne, Je réapprovisionnerai vos âmes, et comme un potier, Je vous moulerai en ce que vous avez perdu: Ma Divinité. Ensuite, Je vous montrerai Mon Royaume et Je vous enverrai la Sagesse vous enseigner Ma Connaissance de Mes choses Saintes, et Je vous ferai Miens pour toujours et à jamais. Vous serez Mes fils et Mes filles, Me glorifiant avec toute Mon Assemblée dans le Ciel.
Puis Je vous enverrai comme une nuée, pour l'exposer comme on déploie une bannière, Ma Connaissance que vous avez reçue de la Sagesse Elle-même, pour enseigner aux autres à devenir honnêtes en leurs intentions et en leur érudition, afin que génération après génération, Mon Saint Nom puisse être gardé Saint. Vos descendants auront un riche héritage, né de vous et grâce à Mon Infinie Miséricorde, et ainsi en sera-t-il des enfants de vos enfants. Et dans le futur, les nations sauront ce que signifie la Crainte du Seigneur. Mes faveurs ne sont pas toutes passées. Mes faveurs sont inépuisables, remplissant chaque vallée, et Ma Tendresse à votre égard se renouvelle chaque jour. Je déverse continuellement de Mon Cœur Mon Amour, comme des rivières coulant à flot, pour irriguer votre désert et vous raviver.

---

28. Jésus souriait.

Ce n'est pas Moi qui vous ai forcés à demeurer dans l'obscurité. Ce n'est pas Mon désir de vous voir d'en haut vous murer dans les plus sombres cachots et y emprisonner vos âmes. Mon désir est de vous ramener en paix à la Maison. Mon désir est de faire de vos déserts et de vos terres desséchées, de verts pâturages pour vous combler.
Vassula, tous Mes messages sont des prières. Lis et écris Romains 8,26-27:
«L'Esprit également vient nous secourir dans notre faiblesse; car lorsque nous ne pouvons trouver les mots qu'il faut pour prier convenablement, l'Esprit Lui-même exprime notre supplication d'une manière qui ne pourra jamais être rendue par des mots; et Dieu, qui connaît tout ce qui est dans nos cœurs, comprend parfaitement bien ce qu'Il exprime, et sait que les supplications des saints exprimées par l'Esprit correspondent à Ses vues.»
Médite à ce sujet... Je t'aime. Répète ceci après Moi:

Jésus,
ni la mort, ni la vie,
ni ange, ni prince,
ni rien de ce qui existe,
ni rien de ce qui est encore à venir,
nulle puissance,
ni hauteur ni profondeur,
ni aucune créature,
rien ne viendra jamais me séparer de Toi;
(Rm 8,38-39)

je fais vœu de Te rester fidèle;
c'est mon vœu solennel.
Aide-moi à rester fidèle à ce vœu
pour toujours et à jamais.
Amen.

(J'ai répété cette prière que Jésus m'a donnée.)

(plus tard)

— Ame, prie. Cela signifie: parle-Moi! N'ignore pas Mon Omniprésence simplement parce que le tentateur continue à te tenter. Ecoute-Moi, résiste, résiste-lui. Viens, maintenant. Je Me manifesterai encore à travers toi si tu te soumets humblement à Moi et si tu permets à Mon Esprit de reposer sur toi en Mes heures de Ma Passion.

IXΘYΣ  ton Jésus. Je Suis.

1er octobre 1990

— Ma Vassula, c'est Moi, le Seigneur. Sens-Moi, Je suis près de toi; discerne-Moi[29]. Je partage avec toi Ma Croix, Ma Couronne d'Epines et Mes Clous. Je t'ai choisie parmi le pays des morts et t'ai ressuscitée dans Mon Cœur pour faire de toi la victime de Mon Insatiable Amour, et faire de toi une expiation pour beaucoup d'âmes qui préfèrent rester divisées et se différencier sous Mon Nom Sacré. Je partage Mes souffrances et Mes peines avec toi, Ma fille. Console-Moi et Je te consolerai. Vassula, Mon enfant, Je t'ai ressuscitée pour apaiser Ma Justice, Je t'ai ressuscitée pour délecter Mon Ame. Alors, n'aie pas peur, Mon enfant. Mon Père a mis Sa faveur en toi à cause de tout ce que tu n'es pas. Tu n'as aucun mérite, pas le moindre, mais Je t'ai favorisée en dépit de ta misère, car Ma Loyauté et Ma Gentillesse sont sans mesure. Sacrifie-toi plus, Mon enfant.

Mon encens et Ma myrrhe! Comme Je t'aime! Je te rendrai zélée pour Moi ton Dieu, et loyale à Mes Commandements.

29. Ici, Jésus m'a touché le bras.

Je te oindrai de Mon huile. O Ma propriété, vis en Moi et permets-Moi de vivre en toi!
Je suis Celui auquel tu ne devrais jamais résister, jamais faire défaut, Celui que tu ne devrais jamais renier. Je suis Celui qui t'insuffle la Vie! Permets-Moi de t'envahir entièrement, ne Me montre aucune résistance. Ne suis-Je pas en train de te submerger de faveurs? Ne suis-Je pas en train de te consumer entièrement du Feu Brûlant de Mon Cœur? Ne t'ai-Je pas montrée à Mes anges et aux Saints vivant dans Mon Assemblée?
T'ai-Je jamais privée de souffrances, ô âme?
Dès lors, M'aimer t'est maintenant un dû envers Moi. C'est ton dû, ô âme, de te prosterner devant Moi et de M'adorer. C'est maintenant ton dû de délecter Mon Ame en Me recevant dans Mon Saint Sacrifice. Viens... viens... approche de Moi, permets-Moi de temps en temps de murmurer à ton oreille Mon Amour pour toi. Permets-Moi de te caresser de Ma Tendresse. Permets-Moi de te caresser de Mes Bénédictions. Viens appuyer ta tête sur Mon Cœur. Tu n'es pas simplement Ma Tablette, ô âme, tu es aussi Mon épouse bien-aimée que Mon Cœur aime et pour qui Il désire chanter. Ma Voix est douce et Mon Cœur, une Ardente Fournaise d'Amour, et Mon Parfum, attrayant et délicat.
Tu vois comme Je vole à toi avant même que tu ouvres tes lèvres et que tu aies la parole dans ta bouche pour Moi? Je t'ai maintenant comme une fleur parmi les chardons. Comme un filet jeté dans la mer, Je t'ai lancée pour attraper des âmes pour Moi ton Roi.
Si tu ne sais pas ceci, Vassula Ma fille, Je te le dis maintenant: Suis les marques de Mon Sang et prends la Croix que Je t'ai confiée. Suis les marques de Mon Sang, ces marques que tu cherchais dès ta jeunesse[30]. Elles te conduiront à Moi, dans Mes Bras et dans Mon Cœur. O Vassula! Je te garderai

comme la Prunelle de Mon Œil. Je t'ai tirée de la fosse pour te donner une place auprès de Mes âmes de prédilection de Mon Cœur. Je t'ai épousée pour partager Ma Croix comme notre lit matrimonial, et t'ai faite Mienne désormais pour l'éternité.

Baisse maintenant tes yeux devant ton Roi et ton Epoux. Baisse tes yeux et permets à Ma Main de reposer sur ta tête pour te bénir et exhaler sur toi Mon doux Soupir d'Amour sur ton front, le Souffle de Ma Tendresse. Mon enfant, Je voudrais te voir libérée de toute crainte. Je n'attends que de t'être gracieux. Je n'attends que de te cacher dans Mon Sacré-Cœur à jamais, là où tu trouveras la Vraie Paix.

☧

10 octobre 1990

— La paix soit avec toi, Mon enfant. Permets-Moi d'utiliser ta main. C'est Moi, ton Jésus. C'est l'Amour qui te parle et te demande...

— Oh! viens m'envahir!

— Ah! Ma Vassula, alors Je te comblerai... Ecoute-Moi et écris Mon message pour le monde entier[31]:

La Paix soit avec vous.

---

30. Lorsque j'étais enfant, j'eus des visions où je suivais Jésus sur le chemin du Golgotha et où je me trouvais près de Lui sous la Croix.
31. Message donné pour la réunion de prière du 17 novembre 1990 à Notre-Dame des Marches, Broc, Suisse.

C'est l'Amour qui parle. L'Amour offre. L'Amour guérit même des blessures qui apparaissent inguérissables. L'Amour console ceux qui ne sont pas soignés. Mon Amour pour vous est éternel et Je suis connu pour être constant dans Mon affection. Approchez... Venez près de Moi, en priant avec votre cœur. Je vous offre une place dans Mon école. Je vous offre la Sagesse pour vous enseigner Ma Connaissance. Bénis soient ceux qui acceptent humblement Mes Instructions et prennent Mes Paroles à cœur.

Ecoutez-Moi, Mes bien-aimés. L'Ecriture dit: «Le langage de Ma Croix peut paraître illogique à ceux qui ne sont pas sur le chemin du salut, mais ceux d'entre-vous qui sont sur le chemin y voient la puissance salvatrice de Dieu» *(1 Co 1,18)*, et c'est ce Langage que Je viens vous enseigner, c'est ce Langage d'Amour que vous entendrez dans Mon école, et vous, vous qui êtes désireux d'apprendre, soyez bénis, soyez forts et heureux. Quoique des obstacles doivent venir, n'ayez crainte, ayez confiance en Moi. Mais malheur à celui qui les dresse, il aura à Me répondre au Jour du Jugement!

Mon Retour est imminent, et Je vous donne des signes constants pour vous préparer. L'Amour est sur le Chemin du retour. Je suis sur le chemin de Mon Retour. Dites-Moi, lorsqu'un roi entre dans une ville, n'y aura-t-il aucune préparation pour le recevoir? La cité entière sera en effervescence et le roi enverra devant lui ses élus et sa cour impériale pour lui préparer la route et rendre droits ses chemins. Il enverra ses messagers annoncer sa venue. Il leur demandera de crier d'une voix forte:

«Voici votre Roi, votre Roi arrive, Son Cœur dans Sa Main pour vous L'offrir! La Miséricorde Se penche du ciel et de Son Trône. Elle a eu pitié de vous.» C'est pourquoi, avant Mon Retour, Je vous envoie devant Moi l'Arche d'Alliance, Je vous envoie la Femme de l'Apocalypse, la seconde Eve, qui écrasera de Son talon la tête du serpent, Je vous envoie devant Moi: Ma Mère, pour vous ouvrir une large route dans ce désert et la niveler. Je vous envoie la Reine du Ciel, la Porte du Ciel pour vous préparer et pour éduquer tous ceux d'entre-vous qui gisent toujours dans la poussière, pour s'avancer et faire la paix avec Moi, votre Dieu, avant Mon Grand Retour. Je vous envoie la Reine de la Paix pour battre le rappel d'un coin à l'autre de la terre et vous rassembler un par un. Je vous envoie, avant Mon Grand Retour, Mes serviteurs les prophètes pour vous rappeler Ma Loi et vous faire retourner de vos mauvais chemins et vivre saints, et vous annoncer les événements avant qu'ils surviennent. Je vous envoie Mes anges pour vous rappeler Ma Sainteté, Ma Magnificence et Ma Splendeur. Je vous envoie Mes porte-parole pour crier et proclamer sur les toits de vos maisons les Noces de Mon Saint Esprit. Je ne Me lasserai pas de vous appeler à M'épouser. Je ne serai pas découragé par votre hostilité ni par votre aridité. Je serai à la poursuite de votre cœur et comme un jeune homme épousant une vierge, Celui que vous avez blessé tout le temps, vous épousera. Et dans Mon Amour, Je vous ferai remplacer les Epines qui encerclent Mon Cœur, par une Couronne fleurie. Et comme un jeune marié portant sa couronne de noces, Moi aussi, Je la porterai, parce que cette couronne sera Ma Couronne de Victoire, elle sera le Trophée de Ma Miséricorde...

Génération, Je te ferai Mienne. Je te soulèverai et te porterai comme un jeune marié porte son épouse dans ses chambres, et dans Mon Amour éternel, Je te porterai dans Mon Sacré-Cœur et te ferai Mienne pour l'éternité. Bientôt, très bientôt maintenant, Je déchirerai les cieux, les ouvrant pour descendre en pleine force!

Si vous compreniez pleinement ce que J'entends, vous ne passeriez pas votre temps à être léthargiques, vous M'adresseriez une prière constante, car soudain, rapide comme l'éclair, Je descendrai en une flamme d'un feu dévorant et Je dévoilerai tout ce qui vous a été caché. Je vous désignerai de Mon Doigt tous ceux qui M'honoraient du bout des lèvres, ne Me servant jamais avec le Langage que Je leur avais enseigné: le Langage de Ma Croix, le Langage d'Amour, le Langage qui vous enseigne des choses dépassant la compréhension humaine. Je vous révélerai les Caïns dont le langage n'est pas Mon Langage mais celui-là même des riches marchands et du commerce.

Priez pour ces Caïns; ne les jugez pas; passez votre temps en prières pour eux. Ne permettez pas à votre langue de dévier, ne soyez pas l'un de ceux qui disent à Mes voyants: «N'ayez pas de visions» et à Mes prophètes: «Ne prophétisez pas.» Laissez Ma Cour Impériale préparer Ma Route pour Moi. Aucune prophétie n'est jamais venue de l'initiative de l'homme. Quand Mes voyants et prophètes parlent pour Moi, c'est par Grâce qu'ils le font et par Mon Saint Esprit qui les remplit, les anime et ouvre leur bouche pour répéter Mes Paroles. Et Je continuerai à vous rappeler la Vérité par Mes porte-parole, même si vous connaissez la Vérité. Je continuerai à révéler Mes Plans à Mes serviteurs les prophètes et à montrer Ma Magnificence dans des visions à Mes voyants. Laissez Mes élus et Mes âmes de prédilection libres de préparer la Voie pour Moi votre Roi. Laissez-les achever leur témoignage. Je vous envoie Ma Cour Céleste prophétiser, pour cette Fin des Temps, dans le désert de votre ère, pour vous convertir avant que vienne Mon Grand Jour.

Réalisez que Je ne descends pas seulement par Miséricorde mais aussi pour un Jugement. Je ne dis pas à Mes messagers d'appeler seulement les justes, Je leur dis d'appeler aussi les injustes, les pauvres, les boiteux, les rebuts de votre société, et tous ceux qu'ils rencontrent dans les rues, à venir remplir

Mon école. Je veux appeler tous ceux qui ne M'ont jamais recherché ni même connu, à venir prospérer dans Ma Maison car ce sont les Temps de Miséricorde et de Grâce. Ensuite, laissez tous ceux qui vous voient, contempler et ouvrir de grands yeux sur votre transfiguration. Que soit montré sur vos visages et par le rayonnement de votre cœur, que vous avez suivi Mon école et que vous, vous êtes Mes élèves et Moi, votre Maître. Qu'ils voient dans vos yeux le reflet de tout ce dont vous avez témoigné. Qu'ils voient sur votre corps les marques de Mes Plaies. Et si quiconque vous demande comment vous les avez reçues, dites-leur que vous les avez reçues dans la Maison des amis de votre Maître, où Lui les a reçues en premier… puis soulevez votre croix et suivez-Moi.
Moi, Jésus-Christ, Fils Bien-Aimé de Dieu et Sauveur, Je pose Mon Souffle sur vous et vous bénis tous, laissant le Soupir de Mon Amour sur vos fronts. Allez en paix et soyez un en Mon Nom.

ΙΧΘΥΣ

(Message du Cœur Immaculé de Marie pour la même réunion:)

— La Paix soit avec vous.
Encens de Dieu, prenez courage car Je suis avec vous. Je suis avec vous et avec Mes innombrables anges, Je vous entoure, pour vous protéger. Je descends avec les saints pour vous guider. Je suis la Reine du Ciel, Je suis la Reine de la Paix, Je suis la Mère de votre Sauveur. Je suis Celle qui précède la venue du Seigneur. Je suis Celle qui a ouvert une large route pour la descente sur la terre de votre Rédempteur, et aujourd'hui encore, le Très-Haut M'envoie pour aplanir et niveler un chemin pour Son Retour. Quoique Satan utilise des hommes pour retarder Mon Œuvre et y dresser des

obstacles, n'ayez crainte. Le Seigneur est Tout-Puissant et à la fin, Nos Cœurs prévaudront. Comptez sur Sa Force massive car Il peut déraciner des montagnes et fondre les rochers. Rien ne peut arrêter Sa Main Puissante.

Que voyez-vous au-dessus de vous? Regardez au-dessus de vos têtes ce que le Seigneur est en train d'élever. Le Seigneur est en train d'élever au-dessus de vous la Bannière de Son Grand Amour et de Sa Grande Miséricorde. Il vient vous rétablir de Ses caresses et vous nourrir de délices. Il vient vous parfumer de Son délicat parfum de Myrrhe, Il vient apaiser vos plaies de Son baume de Tendresse. Il descend épancher Son huile sur toi, génération, et te oindre. Le Roi vous amènera dans Ses Chambres pour vous consoler et essuyer vos larmes. Comme la prunelle de Ses Yeux, Il veille sur vous. Et vous, à votre tour, Lui rendrez-vous Son Amour? Offrez-Lui votre cœur et votre volonté. Beaucoup d'entre-vous ont oublié les Voies de Dieu. Vous êtes partis à la dérive, comme emportés par le courant dans un lac, dans une mare de léthargie. Pollué par le matérialisme, votre parcours a changé de direction, et de la sainteté et du droit Chemin, vous avez été conduits tout droit dans les filets du démon et dans la gueule du lion! Vous n'avez pas suivi les traces du Précieux Sang que Jésus a laissé derrière Lui comme un signe pour vous permettre de le suivre, non, vous avez suivi les indications polluées que Satan a installées pour vous, indications menant toutes au désert où il n'y aurait personne pour prendre soin de vos plaies et personne pour vous consoler, et où vous mourriez. Votre génération n'a pas su apprécier le grand Amour de Dieu, c'est pourquoi vos contrées sont mises en feu par l'égoïsme, par l'impiété et par la furie de Satan. Et encore, à ce jour, sa main est levée pour vous frapper et mettre en feu toutes les nations. A cause de votre athéisme et de votre perversité, vous vous êtes vous-mêmes enveloppés dans le linceul de la mort, vous avez enveloppé vos bien-aimés dans un nuage de silex. En agonie, Je vous appelle tous, d'En Haut, à faire la paix avec Dieu, à vous réconcilier avec vos familles. Lorsque vous venez prier en pèlerinages, venez-vous avec un cœur propre? Avez-vous cessé de faire le mal? Etes-vous en paix avec votre prochain? Avez-vous vraiment confessé et regretté vos péchés? Avez-vous béni vos ennemis et leur avez-vous pardonné? Avez-vous rendu l'amour pour le mal? Etes-vous vraiment prêts à rencontrer le Seigneur, avec vos mains pleines de bonnes œuvres?

Bénissez ceux qui vous persécutent, et priez pour eux. Ne les jugez pas. Persévérez dans la prière, car à quoi servent vos offrandes lorsque votre cœur est impitoyable, gardant des rancunes? Où est alors votre sainteté? Purifiez-vous et vivez dans la Lumière de Dieu et dans l'Amour de Dieu.

Sois un vrai témoin de l'Evangile par la chaleur et le rayonnement de lumière de ton cœur.

Sois un témoin pour Jésus en portant Sa Croix avec Lui.

Sois un témoin pour l'Eglise en étant constant dans ta foi et en étant uni au Vicaire du Christ.

Ne permettez jamais à vos langues de dévier. Soyez parfaits comme le Seigneur est parfait. Qu'il soit montré que vous êtes vraiment les prémices du grand Amour de Dieu. Que chaque œil témoigne de votre bonne conduite et sache que c'est parce que vous êtes enfants du Très-Haut. Que les marques de Ses Cinq Plaies soient remarquées également sur votre corps, qu'elles soient les signes pour montrer que vous êtes Ses élèves et Lui votre Divin Maître. Vivez Nos messages et répandez-les comme des semences. Que votre cri d'amour aille par toute la terre jusqu'aux extrémités du monde.

Je bénis chacun de vous, et Je vous remercie de M'avoir donné votre temps.

Allez en paix.

CAHIER 47

17 octobre 1990

— Jésus, dans ces cahiers, Tu nous as dit beaucoup de choses avant qu'elles arrivent, afin que, lorsqu'elles arriveront, nous croyions. Tu nous as dit comment Tu ressusciteras ma sœur la Russie, et comment Tu mettras fin à son athéisme. Et Tu vois! Il y a trois jours, le 14 octobre, la Cathédrale St Basile, sur la Place Rouge, devant le Kremlin, T'a ouvert ses portes! Et moi, sa sœur, ai couru ce jour-là à l'église russe pour me réjouir de sa fête! Mais je n'ai reçu d'elle qu'un affront... Ton serviteur, mon frère que j'aime, m'a frappée. Ton serviteur a refusé de me bénir parce que, m'a-t-il dit, je me suis rendue chez nos frères les catholiques et j'ai reçu la Sainte Communion de leurs mains. Dois-je avoir honte de cela devant Toi mon Seigneur? J'aurais pu supporter cette souffrance s'il ne m'en avait pas été infligé une plus grande encore: il a ajouté: «Cela veut dire l'excommunication!» Tu m'as donné un signe avant que cela arrive, me faisant sentir Ta douleur en rendant ma bouche, quelques instants avant, plus sèche que du bois, et mes lèvres, plus sèches que du parchemin. Combien de temps encore les Chrétiens seront-ils divisés?

Viens, rends nos cœurs droits,
rends-nous notre innocence,
fais poindre l'aurore dans l'obscurité.

Je Te remercie, mon Seigneur, de m'avoir donné une occasion d'être frappée et humiliée, et de m'avoir donné le courage, malgré l'injure qui m'avait été faite, de m'aligner à nouveau avec les autres fidèles et de retourner à lui pour baiser la Croix qu'il tenait, ainsi que la main qui venait de me frapper.

— Vassula, ta douleur n'est rien, comparée à la Mienne... même s'il a tiré l'épée sur toi Ma fille, ne désespère pas. Il y a espoir pour la réconciliation. Bientôt, Je vous comblerai d'un grand Miracle[32], très bientôt maintenant, Moi le Seigneur ornerai Mon Epouse[33] de la glorieuse perfection de Sa jeunesse. Désormais, une alliance de paix sera scellée entre frères. Comme l'Etoile du Matin, Mon Eglise s'élèvera. L'interdit sera levé... Comme un olivier chargé de fruits, Elle Se tiendra solidement devant Moi. Comme une vigne donnant de gracieux sarments, Ses fleurs porteront des fruits de gloire et de splendeur... Et il y aura un seul troupeau et un seul Berger... Je suis la Résurrection... Ma fille[34]? Que ton espérance ne soit pas vide. Tu n'as rien à craindre, les terreurs de la nuit seront bientôt finies[35]. Souviens-toi: à ton côté, Je suis. Je ne laisse pas Mes Yeux trop longtemps sur leur inconduite, de crainte que Ma colère déclenche Ma Justice; Je laisse plutôt Ma Miséricorde prévaloir. Je suis en train de guérir toutes vos maladies, et d'effacer de Mon Sang toutes les traces de venin, pour vous racheter tous du Gouffre. Je suis l'Amour, et l'Amour dans toute Sa Tendresse pardonne à ceux qui frappent, aux moqueurs, aux injustes, et, dans Ma Sainte Compassion, Je vous élèverai tous dans Mon Cœur.

---

32. Soudain, dans une vision intérieure, je vis une personne vêtue comme une mariée, dans d'éblouissants habits blancs argent, tout scintillants.
33. L'Eglise.
34. Jésus S'est tourné vers moi, Ses Yeux pleins de compassion.
35. Jésus me consolait; Ses Paroles étaient comme un baume de caresses guérissant mes plaies.

Ne désespère pas Vassula, Ma fille. Il y a toujours de l'espoir pour la réconciliation et un renouveau... Il y a toujours de l'espoir[36]... «N'ayez pas peur de ceux qui tuent le corps mais ne peuvent tuer l'âme» *(Mt 10,28)*. Je viendrai apporter la paix aux frères et leur rappeler Ma Tendresse, Mon Amour et Ma Miséricorde, afin qu'eux aussi à leur tour, ils puissent M'imiter.

Ne sois pas pressée de partir[37]...

Viens, Ecclesia revivra, Ecclesia revivra, attends et tu verras...

ΙΧΘΥΣ

20 octobre 1990

— Jésus?

— Je Suis. Tout ce que Je demande de toi est l'amour. C'est Mon Refrain. J'ai besoin de chaque goutte d'amour se trouvant dans ton cœur. Je veux tout l'amour que tu as pour racheter ceux qui se dirigent vers les feux éternels. Lorsque Je dis: «Ranime Mon Eglise» ou «Embellis Mon Eglise», ou «Unis Mon Eglise», J'entends par là que tu pries, que tu pries sans cesse, que tu pries de tout ton cœur, que tu M'aimes avec ferveur, et avec tes expiations qui rejoindront celles de Mes saints martyrs, tu Me glorifieras. Oui, Ma fille, par tes expiations et les ferventes prières que tu M'offres avec amour, tu peux retenir des désastres sur le point d'arriver, tu peux modifier des désastres naturels, tu peux éteindre la

36. Jésus essayait une fois de plus de me consoler. Il me semblait que celui qui était le plus blessé était en train de consoler celui dont les blessures étaient le moins graves!

37. Je croyais qu'Il avait fini et je m'apprêtais à m'en aller.

flambée de colère de Mon Père. Dieu peut Se laisser attendrir. Par tes prières, Il peut Se laisser fléchir. Tu peux embellir Mon Eglise. Tu peux rassembler Mon Peuple sous Mon Nom pour célébrer la Messe autour d'un seul autel. Tu peux réparer la houlette de leur berger, cette houlette qu'ils ont d'abord brisée en deux, puis en éclats.
Pour les hommes, cette unité paraît impossible, mais pour Moi, tout est possible. Aussi, prie et expie pour tes frères. J'ai besoin d'âmes-victimes, J'ai besoin d'âmes généreuses pour racheter le mal par l'amour, pour racheter le mal par le sacrifice de soi-même. Aussi, offrez-Moi votre volonté et Je ferai de vous Mes instruments de Paix et d'Amour. Je ferai de vous Mes instruments de Réconciliation et d'Unité.
— Seigneur, nos propres apostasies nous blâment. Pardonne-nous et aide-nous à réparer. Ramène-nous à l'amour des jours de nos noces, aux premiers jours, et rappelle-nous l'affection que nous avions jadis pour Toi. Ne permets plus jamais à aucun mal de nous emporter.
— Oui, offre-Moi tes prières et Je réparerai Ma Maison qui est aussi ta Maison. Sois loyale et cette faveur spéciale te sera accordée. Comme dans la Transfiguration, Je transfigurerai Mon Eglise pour qu'Elle retrouve toute la rayonnante gloire de Sa jeunesse, aux jours de Ses noces. Je ferai toutes ces choses pour l'amour de Mon Saint Nom. Je vous unirai pour démontrer Ma Puissance.
— Seigneur, il y a d'autres choses encore. Je Te les ai déjà demandées, mais j'aimerais Te les redemander. Je ne sais pas comment le dire!
— Je vais ouvrir ta bouche et tu vas parler!

(Immédiatement, un flot de paroles est sorti de moi:)

— Seigneur, n'as-Tu pas dit que l'Avocat, le Saint Esprit, nous enseignera tout, et nous rappellera tout ce que Tu nous as dit?

D'ailleurs, l'Ecriture ne dit-Elle pas: «... Dans l'Eglise, Dieu a donné la première place aux apôtres, la seconde aux prophètes» *(1 Co 12,28)*...? Et l'Ecriture ne dit-Elle pas également: «Il y a un reste, choisi par la grâce. Par la grâce, notez-le, rien à voir donc avec les bonnes œuvres, sinon la grâce ne serait pas du tout la grâce!» *(Rm 11,5-6)* Et enfin, l'Ecriture ne dit-Elle pas: «A toutes vos assemblées, que chacun soit prêt avec un psaume ou un sermon ou une révélation...» *(1 Co 14,26)*? Aussi, Seigneur, pourquoi, de nos jours, la plupart des révélations prophétiques ou privées sont-elles considérées avec mépris par de nombreux prêtres? regardées que d'un œil plutôt qu'avec les deux? et pourquoi des prêtres et même des évêques attaquent-ils avec mépris Tes messages?

— En réalité, Mon enfant, c'est contre Moi qu'ils luttent. Parce qu'ils suppriment l'Avocat, Ma fille, ces gens ne te récusent pas toi, non Mon ange, pas toi: c'est Moi qu'ils récusent, pas toi. S'ils t'ignorent, Ma fleur, c'est parce que tu as grandi au milieu de leur désert. Ils ne t'arroseront pas, afin que tu te fanes et que tu disparaisses. Ils continuent à oublier que <u>Je suis ton Gardien Dévoué</u>.

Vassula, Je vais te rappeler la parabole du festin de noces *(Mt 22,1-14)*. **Ma fille, beaucoup sont appelés, mais peu sont choisis. Croire est une grâce donnée par Moi. Avoir la foi est aussi une grâce donnée par Moi. Ce sont les Temps de la Grâce et de la Miséricorde. Ce sont les Temps durant lesquels Mon Saint Esprit est déversé sur vous. Ce sont les Temps où Mon Saint Esprit vous tirera hors de votre grande apostasie, pour vous épouser. La misère de votre ère s'écaillera de vous. Car de Mes Propres Mains, Je déferai votre linceul de mort pour vous revêtir des vêtements de nos noces.**

Ressens Ma délectation, Ma Vassula! Ressens comme Je Me réjouis de cet événement à venir! Mon Saint Esprit viendra

mettre le Feu à la terre, et comme Je désire qu'elle soit déjà embrasée! Ce sont les Temps des Noces de Mon Saint Esprit: ce sont les Temps où votre Roi de la Paix envoie Ses serviteurs, Ses anges, Ses prophètes et Sa Cour Céleste pour qu'ils aillent aux quatre coins de la terre inviter Ses amis à Son Banquet dans Son Royaume et leur offrir Sa Céleste Manne.

J'envoyais Mes messagers en toute droiture jusqu'au seuil de leurs portes pour leur annoncer Mon Retour, mais beaucoup d'entre eux ne les ont pas cru et les ont traités d'imposteurs. D'autres ne sont pas venus parce qu'ils préféraient la gloire qui vient des hommes à la Gloire qui vient de Moi. Puisque Je vous ai invités et que vous M'avez refusé, puisque Je vous ai fait signe mais que vous n'avez pas voulu en tenir compte, puisque vous avez ignoré toutes Mes supplications et rejeté l'offre de l'Amour, Je remplirai Ma Maison et donnerai Mon Royaume aux rebuts de votre société pour vous confondre tous. Je leur rendrai leur vie et les guérirai. J'ouvrirai toutes grandes les Portes de Ma Maison pour les laisser entrer. Mes messagers appelleront haut et fort dans les rues et sur les places publiques. Ils seront envoyés par Moi pour inviter les cadavres qu'ils rencontreront à chaque coin de rue, et ceux à qui il n'a jamais été parlé de Moi Me verront, et ceux qui n'ont jamais rien entendu de Moi M'écouteront et comprendront. Je serai trouvé par ceux qui ne Me recherchent pas. Comme Je t'ai révélé Ma Sainte Face, Ma fille, de même Je Me révélerai à ceux qui ne Me consultent pas. De Mon Esprit, vous ne voulez pas! pas plus que de Mon Cœur qui vous est offert dans Ma Main! Je vous dis ceci maintenant, afin que lorsque cela arrivera, vous croyiez que Je Suis Qui Je Suis:

Mon Royaume vous sera retiré
et Il sera donné à un peuple

que vous estimiez méprisable et sot,
les rebuts de votre société,
et Ma Maison sera rebâtie et relevée
par ceux que vous appeliez simples d'esprit;
ce sont eux qui, par leur amour,
rénoveront les dévastations de Ma Maison
et toutes les désolations,
et c'est Mon Saint Esprit
qui veillera sur eux et les consolera...

La citadelle des orgueilleux tombera bientôt
en un tas de poussière...
La Justice prévaudra.

Prie pour ces bergers, prie pour leur conversion. Sois bénie, Mon enfant. Je ne tarderai pas, bientôt tu Me verras face à face.

JE SUIS.

22 octobre 1990

— Vassula, bien-aimée, Je Suis le Saint des Saints, et Je suis dans ta chambre. C'est Moi Jésus. Es-tu heureuse de Ma visite?

— Très heureuse! Je Te bénis... oui, très heureuse, Seigneur!

— Tiens-toi fermement à tous les enseignements que Je te donne. Ne laisse personne te tromper. Moissonne progressivement Ma récolte de gentillesse et de tendresse. J'augmenterai tes visions afin que tu puisses témoigner en Mon Nom. Je te fournirai en paroles pour être capable de témoigner. Ma fille, rappelle au monde Mon Grand Amour.

Ceci sera le message pour tous les temps[38]:

La Paix soit avec vous.

Je suis Jésus votre Rédempteur. Je suis le Saint des Saints qui vous parle. Je vous dis en vérité: Je déverserai des grâces spéciales sur ceux qui ont accepté ce témoignage, parce qu'en ayant accepté ce témoignage d'Amour, ils attestent la véracité et l'Amour Infini du Très-Haut, puisque tout ce qui est écrit vient de Moi. Bien-aimés, Je donne Mon Esprit sans réserve. Je donne Mon Esprit pour rappeler maintes et maintes fois au monde Mon affection et le grand Amour que J'ai pour vous. Je donne Mon Esprit sans réserve pour vous rappeler à tous Mes Cinq Plaies et Ma Passion.

Mon enfant, toi qui Me lis ou M'écoutes, regarde autour de toi, l'Aurore est prête à poindre sur toi... et tu n'auras pas à consulter les ombres de la nuit qui chuchotent et marmonnent, pas plus que tu n'auras à marcher dans la détresse et l'obscurité car vos sorciers qui blasphémaient Mon Saint Nom et ont substitué l'obscurité à la lumière seront balayés. Bien-aimés, l'aurore est prête à poindre sur vous et aussitôt qu'il fera jour, vos semis fleuriront. Les commerçants qui ont infiltré Mon Eglise seront consternés et tous les corrupteurs seront déprimés. Chaque marchand enrichi s'évanouira, ébloui par Ma Gloire et par Ma Lumière. Ils resteront stupéfaits et déconcertés devant Moi.

Le signal est en train d'être hissé sur les toits de vos maisons. Mes ambassadeurs sont maintenant envoyés à leur poste,

38. Message publié le 22 décembre 1990 à Notre-Dame des Marches, Broc, Suisse.

attendant Mon Signal. Mon Retour est imminent. Aussi, vous qui êtes Mes messagers, hâtez votre pas, allez sur chaque colline annoncer que le jugement tombera bientôt sur ces commerçants, car ils sont devenus une abomination à Mes Yeux! N'avez-vous pas déjà lu que vous devez rester éveillés et veiller, afin que lorsque vous verrez la désastreuse abomination dont a parlé le prophète Daniel, érigée dans Mon Sanctuaire, vous sachiez que c'est le signe désigné par le prophète pour la fin des Temps? Comment se fait-il que vous ne puissiez reconnaître les Temps? Les briques de Mon Sanctuaire se sont écroulées, et vous êtes en train de vivre au milieu de cette grande apostasie de votre ère. Mes oppresseurs pensent maintenant qu'ils ont le dessus, et les négociants croient qu'ils continueront à commercer dans Mon Sanctuaire, mais Je leur dis:

«Vous qui avez corrompu votre sagesse en négociant Mon Image contre une statue inanimée, un faux dieu, une idole, vous qui luttez pour ériger cette abomination dévastatrice et abolir Mon Sacrifice Perpétuel[39], vous boirez le plein calice de Ma Justice.»

Cette figure barbouillée de couleurs disparates, cette figure que ces marchands essaient de vous faire vénérer et suivre, n'est pas Moi. Elle est une invention de l'habileté humaine pervertie, pour dégrader le concept de Ma Sainteté et de Ma Divinité, elle est un faux œcuménisme, elle est un défi à tout ce qui est saint.

Je souffre à cause des péchés de ces marchands. Priez pour ces prêtres qui sont devenus marchands, leur péché est grave.

39. La Sainte Messe, proclamation de la mort et célébration de la résurrection du Seigneur Jésus, où Il se rend réellement présent en Son Corps et en Son Sang dans la Sainte Eucharistie, sacrifice du calvaire perpétué en Sa mémoire, dans l'attente de Sa Venue dans la gloire.

Priez que Je puisse insuffler Mon Esprit de Vérité en eux, et les faire observer Mes Lois et respecter sincèrement Ma Divinité.

Bien-aimés, vous que J'ai marqués comme Miens sur vos fronts, ne permettez pas à ces marchands de vous contraindre à suivre cette fausse image, soyez sur vos gardes. Je vous dis tout cela à l'avance parce que Je veux que vous vous sentiez confiants en Moi votre Dieu, lorsque les temps de grande détresse seront sur vous.

J'entends vous visiter. L'heure de Mon Grand Retour arrive déjà, et malheur à ces marchands qui sont en train de lutter pour ériger dans Mon Sanctuaire leur abomination dévastatrice et abolir Mon Sacrifice Perpétuel, en vous forçant à manger leur nourriture profanée! Malheur à ces commerçants qui conspirent à ruiner Ma Parole en la rationalisant! Malheur aux blasphémateurs qui, dix fois, ont blasphémé Mon Saint Nom! Malheur aux disciples de la Bête qui ont sculpté des images[40] blasphématoires contre Mes sept Esprits! leur citadelle sera réduite en un monceau de poussière par le Souffle de Ma Bouche! Et toi, Mon enfant qui Me lis ou M'écoutes, toi dont J'ai visité le tombeau et en qui J'ai fait entrer Mon Souffle, Je te dis: suis les traces de Mon Sang que Je laisse derrière Moi pour toi comme un signe, et si tu es arrêté et interrogé sur ton chemin par un passant, dis-lui que tu es Mon élève et Moi, ton Maître, et que tu es sur le chemin de témoigner un Christ crucifié, un Christ ressuscité; et lorsque tu seras arrêté par un marchand, prends garde à sa malhonnêteté, prends garde qu'il n'échange pas la Croix que Je t'ai donnée contre une soi-disant sagesse corrompue. Sans un son, sans un mot, embrasse avec plus de ferveur que jamais

40. Faux christs, faux enseignements, enseignements rationalistes et naturalistes.

la barre au travers de tes épaules et suis les marques de Mon Sang, et elles te mèneront à Moi. Et si l'un d'entre-eux engage des poursuites contre toi, ne te couvre pas le visage contre les insultes ou les coups, mais offre aussi ton dos afin qu'ils te reconnaissent par tes plaies. Laisse celles-ci être une parfaite imitation de Mes Plaies car elles te seront infligées par ceux-là mêmes qui M'ont frappé Moi, ton Maître.
Et alors, le Signe du Fils de l'Homme apparaîtra dans les cieux, une grande lumière sera vue dans vos ténèbres car Moi, le Saint des Saints, J'entends vous sauver pour l'amour de Mon Nom.
Viens, Mon enfant, toi qui M'écoutes ou Me lis. J'ai à nouveau montré Mon Amour pour toi dans ce témoignage. Ne dis pas que Je suis trop loin pour aimer car à cet instant-même, Mes Yeux sont sur toi avec une spéciale tendresse et une affection que tu ne pourras jamais comprendre pleinement. Devrais-Je revenir pour te racheter, rien que pour toi seul, sans la moindre hésitation, Je viendrais répéter Ma Passion, pour toi seul!
Maintenant, Me crois-tu lorsque Je te dis qu'un homme ne peut avoir de plus grand amour que de donner sa vie pour ses amis?
Je te dis tout cela afin que tu puisses trouver ta paix dans Mon Sacré-Cœur, afin que tu puisses trouver la vraie vie en Moi, afin que tu puisses trouver le vrai amour et le repos en Moi ton Dieu. Je sais que tu es faible, Mon enfant, mais ta faiblesse attire Mon Omnipotence.
Peux-tu saisir ce que Je dis? Je dis: la paix soit avec toi! Je suis la Victime d'Amour qui te parle. Je suis Celui qui t'ai donné ce témoignage d'Amour comme un rappel de Mon Amour. Absorbe-Moi et permets-Moi de t'envahir. Sens comme Mon Cœur languit pour un retour d'amour! Ne Me résiste pas. Viens à Moi tel que tu es, viens boire l'épanchement de Mon

Cœur et tu voudras en boire plus. Oh! tant d'entre-vous se sont écartés de la Vérité et sont partis dans tous les sens. La Vérité est AMOUR. Je suis la Vérité. Soyez témoins de la Vérité. Recevez le Saint Esprit de Vérité, recevez le Saint Esprit de Grâce. Je vous bénis tous, laissant Mon Soupir d'Amour sur vos fronts. Soyez un sous Mon Saint Nom.

ΙΧΘΥΣ

23 octobre 1990

— Seigneur, il m'arrive tous les jours des merveilles qui me dépassent moi et ma pauvre compréhension. Te rencontrer Toi, tous les jours, de cette façon, dépasse tout à fait mon entendement!

— La Paix soit avec toi. Réalise, Ma petite, quelle joie tu Me donnes.

— Sais-Tu à quel point je voudrais être avec Toi Là-Haut maintenant?

— Mon enfant, oui, Je sais, mais tu dois attendre. Tu dois d'abord accomplir ta mission. C'est maintenant ton dû. Fertilise ces terres arides avec tout ce que Je t'ai donné, nourris les terres. Je t'aime à la folie. Ne doute jamais de la grandeur de Mon Amour. Tu n'es pas seule, jamais. Où que tu sois, Je suis; Je suis ton Saint Compagnon.

— Fontaine, qui transforme les terres arides en jardins fertiles! Puits d'Eau Vive! donne-nous des torrents jaillissants afin que nous puissions vivre... Permets-moi de partager Ta Coupe avec Toi.

— Alors prends Ma Coupe et bois-en; et si tu te sens défaillir à cause de Son amertume, viens t'appuyer sur Moi, viens te reposer en Moi. Vassula, Ma propriété, Moi ton Roi Je te tiens captive de Mon Amour. Et Je te garderai comme une

sentinelle garde une entrée. Je t'ai fait le don de Mon Amour en t'épousant, aussi Je M'assurerai qu'aucun intrus n'empiète sur Ma propriété. Ma propriété, Je l'ai maintenant transformée en un jardin où Je peux aller Me reposer. Permets-Moi de respirer en toi; permets-Moi d'accomplir Mes œuvres en toi. Sois docile et accepte-Moi, ton Maître et Roi. Amour est Mon Nom. Viens à Moi manger de Ma Main[41]. Je te nourrirai jusqu'à la fin.

ΙΧΘΥΣ

24 octobre 1990

— Mon cœur désire servir Ta Grandeur, mais je suis indigente, et dans la misère; je suis incapable de lever un doigt sans Toi.

— C'est vrai, car si Je n'étais pas debout à côté de toi, tu ne tiendrais pas debout du tout. Ame! Enveloppée dans Ma Lumière, es-tu désireuse d'obéir à Mes préceptes?

— Je veux obéir à Tes préceptes.

— Alors viens partager Mon manteau. Laisse-Moi être ton Guide et Je continuerai à te révéler les secrets de Mon Sacré-Cœur. Je continuerai à te dévoiler les profondeurs du Ciel. Ame, Je ne te ferai pas défaut... Reste pauvre, indigente et fervente pour Ma nourriture. Oui, aie faim de Ma Nourriture et désire-La. Ne sois pas comme les riches qui n'ont pas faim ni ne recherchent Ma Nourriture. Recherche les Richesses de Mon Cœur. A travers ta nullité, J'ai révélé Ma Grandeur. A travers ta misère, J'ai montré Ma Miséricorde, et à travers ta fragilité, Ma Force. J'ai maintenant montré au monde la Flamme ardente des Brûlants Désirs de Mon

41. Jésus signifie par là que ce qu'Il écrit par ma main est une nourriture pour mon âme.

Cœur. Tout ce que Je veux maintenant de toi est un retour d'amour. Ma fille? Je te le dis en vérité, toi qui veux Me servir Moi ton Dieu, chaque fois que tu ouvriras la bouche pour témoigner de la Vérité, Je te bénirai. Chaque fois que tu parleras de Moi, J'allumerai un feu en toi. Prie et demande, et Je te donnerai plus que tu as demandé. Je te rappellerai toujours Mes instructions afin que tu puisses répéter Mes Paroles. Je ne t'abandonnerai pas. Je suis connu pour être le Tout-Fidèle. Aussi, Ma Vassula, permets-Moi de t'utiliser jusqu'à ce que Je vienne te chercher.

Ma bénie[42]! Mon reste! Ma fleur, viens à Moi en esprit de droiture et fie-toi à Moi.

Veux-tu baiser Mes Pieds? Viens, prends la Main de ton Maître, et suis-Moi.

30 octobre 1990

— Vassula, petite créature chétive, sais-tu combien d'épines tu as retiré de Mon Cœur?

— Non Seigneur.

— Assez pour Me reposer; assez pour Me reposer, Mon enfant. Le but de ta création était aussi de Me reposer. Je t'ai créée, et même que tu es poussière et cendres, Je trouve en toi un profond repos. Accepte-Moi, accepte Ma Croix sur toi, maintenant sois-Moi reconnaissante. Mon enfant, regarde Mes lèvres et écoute-Moi attentivement: foi, aie foi en Moi et fie-toi à Moi. Je connais ton ineffable faiblesse et Je sais que sans Moi tu ne peux lever ton petit doigt. C'est pourquoi Je t'ai choisie. J'ai choisi la faiblesse pour montrer

42. Une pensée traversa mon esprit: que fera de moi le Seigneur après qu'Il soit venu me chercher. Ce n'était pas une pensée très intelligente. C'est pourquoi Jésus S'est exclamé d'un air surpris: «Ma bénie!»

au monde Ma Puissance. J'ai une raison pour laquelle Je t'ai choisie dans ton état. Fie-toi à Moi et puise ta force de Moi. Je vais te rappeler combien le démon te hait, et aujourd'hui, tu as senti ses griffes sur toi. Oui, si Je l'avais laissé faire, il t'aurait mise en pièces, mais tu es sous Ma Divine Protection. Chacune de ses minutes vous visent toi et toutes Mes autres âmes choisies. Je te le dis: c'est à cause de ta nullité et à cause de ta pauvreté, Ma chétive créature, que tu défais les combinaisons de Satan; maille après maille, tu défais ses broderies. Il t'a traitée de ver lorsqu'il a su que tu étais Ma choisie. Oui, sois comme un ver: grignote et ravage ses desseins. Tu vois? Je peux utiliser même les vers pour Mes Œuvres... Oui, ronge comme un ver ses combinaisons. Je t'ai permis de ressentir sa haine. Il te hait parce que le Père Lui-Même t'aime du fait que tu M'aimes. Cela le rend furieux au-delà de tout ce qu'on peut imaginer. Heureux l'homme qui ne perd pas la foi en Moi. Réjouis Mon Ame et comble-Moi de joie en restant rien.

3 novembre 1990

(Message de notre Sainte Maman[43]:)

— La Paix soit avec vous, petits enfants.

Comme une mère nourrissant et consolant ses petits enfants, ainsi suis-Je aussi, nourrissant vos âmes, en vous donnant la Parole de Dieu. Comme une mère consolant ses enfants dans les moments de détresse, ainsi suis-Je aussi, Me penchant vers vous pour vous consoler. Je prends soin de votre âme par Mes prières.

43. Message publié le 22 décembre 1990 à Notre-Dame des Marches, Broc, Suisse.

Le Seigneur n'est pas lent à tenir Ses promesses, mais Il attend patiemment que chacun ait la grâce de voir la Lumière et d'être converti. Les Cieux Nouveaux et la Terre Nouvelle promis sont maintenant plus proches de vous que jamais. Dans l'intervalle, alors que vous attendez, Je vous en supplie, sanctifiez vos vies et vivez saintement. Je désire voir en vous, chers enfants, une réelle conversion! Quiconque a échappé aux vices du monde mais se laisse alors mener par des principes venant non de la Sagesse mais de la Folie, est certain de chuter.

Dieu est Amour. Il est Miséricordieux et lent à la colère. Dieu est le plus Tendre des Pères.

Examinez de temps en temps votre âme pour savoir si vous vous tenez ou non dans Sa Lumière. Soyez un jardin pour le Seigneur, où Il puisse goûter Son repos en vous, où Il puisse délecter Son Ame de ses essences délicieuses, et où Il puisse reposer Sa Tête sur son herbe verte. Laissez-Moi transformer votre cœur en un magnifique jardin pour le Seigneur, afin que lorsque le Roi des rois viendra vous visiter, Il ne détourne pas Ses Yeux de vous, mais vous offre de devenir une victime de Son Ame, un captif de Son Cœur. Aussi, ne perdez pas de temps, car Ses Yeux continuent à veiller sur chacun de vos pas. Le Prince de la Paix vous exhorte à prier pour la paix et Moi, la Reine de la Paix, vous supplie de prier pour la paix.

Satan est maintenant comme un taureau furieux et Mon Cœur est malade de ce que Je vois venir. Aussi, par Miséricorde, le Père ne M'a pas tout montré. Je parcours toute la terre à la recherche d'âmes généreuses mais Je ne parviens pas à trouver assez de générosité à offrir à Jésus pour apaiser la Justice du Père. D'énormes réparations doivent encore être faites. Jésus a besoin d'âmes généreuses qui sont disposées à expier pour les autres.

C'est pourquoi Je pleure. Mes Yeux fondent en Larmes de Sang devant les terribles spectacles de ce que Je vois venir. Aujourd'hui, si Je vous dis tout cela, ce n'est pas seulement pour vous impressionner ou vous effrayer, mais pour vous demander de prier pour la Paix. C'est Dieu qui M'envoie, pour Ses Propres Desseins d'Amour, tout autour du monde et dans chaque maison pour vous rassembler un par un et vous convertir avant Son Jour.

Enfants bien-aimés, ne venez pas à ces rassemblements seulement pour voir des signes. Si Je viens depuis le Ciel jusqu'au seuil de votre porte, c'est pour vous apporter la Paix du Seigneur et Ma Paix.

Aussi, permettez-Moi de transformer vos cœurs en un magnifique jardin pour le Très Saint, afin qu'Il puisse trouver en ses profondeurs un esprit de sainteté, d'amour, de paix, de pureté, d'obéissance, d'humilité et de fidélité. Alors, votre Roi utilisera toutes ces vertus pour combattre les puissances du mal. Sortez de votre sommeil, enfants, et changez vos cœurs.

Je suis heureuse de voir tant d'entre-vous jeûner au pain et à l'eau, et aujourd'hui, Je demande à ces âmes généreuses d'ajouter quelque chose de plus à ces jours de jeûne: Je vous demande de vous repentir et de vous confesser. Chers enfants, gardez vos lèvres de vous juger les uns les autres. Ne permettez pas à vos lèvres d'être, malgré tous vos jeûnes, la cause de votre condamnation. Aimez-vous les uns les autres. Vivez Nos messages.

Votre Roi vous adresse Sa Paix. Je continuerai à patrouiller le monde pour ramener au Seigneur ceux qui sont loin de Lui. J'ai besoin de vos prières généreuses, Mes enfants.

Je vous bénis tous, Je bénis vos familles, vos amis et même ceux que vous portez avec difficulté dans vos cœurs. Oui, tous sont enfants de Dieu.

7 novembre 1990

— Seigneur,
que subsiste tout ce qui est fondé sur la Vérité,
et que tout ce qui est fondé sur le Mensonge
soit extirpé et jeté au feu.

Seigneur, je Te sens éloigné, alors que je sais que Tu ne l'es pas. Ai-je été insensible à Ta Présence?

— Mon enfant, fais de ton mieux et Je ferai le reste. Même si Je peux te paraître éloigné, n'aie pas peur, Je ne suis pas loin. Moi le Seigneur Je garde un œil vigilant sur toi.

Prie, âme! Prie pour que la Justice fléchisse et ne tombe pas soudainement sur vos nations comme un coup de tonnerre.

Vassula[44], J'ai prié le Père pour toi et Je Lui ai demandé de hâter Son Pas[45]. Lis Jérémie 44,7-9.

Permets-Moi d'utiliser ta petite main.

— Utilise-la, Seigneur, et sers-Toi entièrement de moi en expiation pour Tes Intentions Sacrées.

— Je suis heureux[46], et J'aime lorsque tu reposes entièrement ta confiance en Moi, car tu Me parles à Moi ton Dieu, et non à un homme. Tu reposes ta confiance en Moi et tu dois te fier pleinement à Moi. Aussi, lorsque tu viens à Moi M'offrir ta volonté, regarde-Moi pleinement en Face. Je Me délecte de t'entendre t'abandonner, reposant ainsi ta confiance en Moi. Je Me réjouis d'entendre cette adoration, car c'est de l'adoration si tu M'offres tout ton être, ton cœur, ton âme et ton esprit. Vassula, petite âme, comment pourrais-Je résister à tes supplications? Savoir qu'elles viennent d'une âme aussi vulnérable, une âme que Je n'ai ressuscitée qu'hier! Comment

44. Ici, Jésus a changé de ton.
45. La diffusion des messages.
46. Jésus souriait.

Mon Cœur pourrait-Il, petite âme, résister à tes appels? Puise de Mon Cœur, petite âme, et accroche-toi à Moi! et prie pour tes frères, pour ceux qui gisent toujours comme cadavres sous une épaisse couche de poussière. Prie que Mon Souffle balaie cette poussière et que Mon Doigt touche leur cœur, afin qu'eux aussi se tournent vers Moi, car ils M'ont déserté pour des divertissements, pour n'en pas dire plus.

Sois bénie Mon enfant. Bénis-Moi.

ΙΧΘΥΣ

11 novembre 1990

— Seigneur?

— Je suis. Repose en Moi. Tout le Ciel est rempli de joie, ce que vous appelez la béatitude, dans sa plénitude.

Ma fille, si les âmes savaient seulement combien il est merveilleux de vivre en Dieu, aucune ne se perdrait si facilement, à moins qu'elles ne choisissent d'être perdues, comme Judas. Il a choisi la voie de perdition, non que Mon Cœur n'ait pas fondu de chagrin chaque fois que Je l'ai vu faire un nouveau pas en s'éloignant de Moi; non que Je n'aie pas prié pour lui; non que Mes Yeux ne se soient pas épuisés de larmes pour lui. Je lui ai ouvert tant de chemins pour qu'il les prenne, tous menant à Moi, mais aussitôt s'était-il engagé sur l'un d'eux qu'il en ressortait dès qu'il réalisait que Je l'avais ouvert pour lui; car au péché, il ajouta la rébellion, accumulant dans son cœur les injures pour Moi son Dieu, lorsqu'il réalisa que Mon Royaume n'était pas un royaume terrestre, dans la gloire terrestre. Il ferma son cœur, coupa nos liens et se détacha <u>immédiatement</u> de Moi. Son sens de ce qui est juste ou non fut enténébré et se mit à obéir au souverain qui administre l'air.

Aujourd'hui, Je demande aux malades comme J'ai demandé à l'homme malade de la piscine de Bethzatha *(Jn 5,1-9)*: **Veux-tu être à nouveau bien portant? Je peux te guérir instantanément, et tout le Ciel se réjouira et le célébrera! Mon don est gratuit, aussi viens à Moi tel que tu es. Je te guérirai, âme, afin que tu puisses partager Mon Royaume et vivre en Moi ton Dieu.**

ΙΧΘΥΣ

15 novembre 1990

— «Je célébrerai Ton Amour à jamais, Yahvé,
d'âge en âge mes paroles proclameront Ta Droiture.
Car je clame que l'Amour est bâti pour durer à jamais
et Ta Droiture fermement fondée dans les Cieux»
(Ps 89,1-2).

Mais maintenant une théologienne orthodoxe grecque m'attaque et s'en prend à Tes Messages. O Seigneur, montre-leur que Tu es mon secours et ma consolation et que ce n'est que par Ton grand Amour que Tu nous as sauvés moi et bien d'autres.

— **Vassula de Mon Sacré-Cœur**[47]**, Mon Saint Esprit a été ton guide, aussi ne fais pas attention aux conclusions des théologiens. Prie pour qu'eux aussi reçoivent l'Esprit pour comprendre que les jugements humains et les doctrines humaines ont fait de Mon Eglise un désert accablant.**

— Seigneur, elle est choquée d'avoir lu dans Tes messages que Tu es comme un mendiant, mendiant notre amour.

— **N'a-t-elle pas lu: «Heureux ces serviteurs que leur Maître trouvera <u>réveillés</u> lorsqu'Il viendra; Je vous le dis solennelle-**

47. Jésus m'appelle intentionnellement ainsi parce que le nom «Sacré-Cœur» n'est pas en usage dans l'Eglise Orthodoxe.

ment, Il revêtira un tablier, les fera asseoir à table et les servira» *(Lc 12,37)*?
Je suis connu non seulement comme Omnipotent, Majestueux et comme Dieu de Justice, mais comme le plus Tendre Père, et seuls ceux qui sont mûs par Mon Esprit M'appelleront: Abba. Je suis un Dieu plein de pitié et Ma Miséricorde est Illimitée.
— Seigneur, elle est profondément troublée par cette intimité que j'ai avec Toi; elle la trouve douce et sentimentale!
— Elle n'a pas pénétré Mes Plaies pour comprendre. Aurait-elle pénétré Mes Plaies qu'elle aurait compris que ces Plaies M'ont été données par Amour pour elle. Un homme ne peut avoir de plus grand amour que de donner sa vie pour ses amis, et vous êtes, vous êtes tous Mes amis. J'ai donné Ma vie par Amour. Mais, Ma fille, c'est la Croix dont Je t'ai chargée. Rappelle-toi, Je la porte avec toi. Pour vous[48] unir, la Justice aura à intervenir. Ma Vassula, Je suis avec toi toujours jusqu'à la fin. Alors, ne sois pas effrayée ni inconsolable. Je savais, Mon ange, depuis le début, que ces gens te pourchasseraient, que, comme des chasseurs, chacun dégainerait son arme et te poursuivrait, parce que Je t'envoie à un peuple qui n'est pas le tien.
Les chefs de ta nation te persécuteront et te rejetteront, et te traiteront à leur guise parce que ce que Je t'ai donné à porter dans tes mains, ce ne sont pas des enseignements d'homme, mais les Miens; et puisque Mon Langage et Mes Enseignements ne les pénètrent pas, ils ne seront pas d'accord et ils te traiteront comme un imposteur.
Je t'ai déjà dit que le monde te condamnera, mais même alors qu'ils te condamnent, déclare au monde ce que tu as appris de Moi.

48. Les Eglises.

Ma fille, si Mon Langage ne peut pas être compris par le monde, c'est parce que leur doctrine n'est pas fondée sur la Vérité qui est l'Amour. Je t'ai déportée d'Egypte vers un peuple qui n'est pas le tien, pour unir Mon Eglise; mais nul ne connaît encore entièrement le chemin vers l'unité, et nul n'a encore saisi fut-ce le commencement de Mon Plan. Ils n'ont pas encore reconnu les chemins que Je prépare pour qu'ils y marchent. Les théologiens et les philosophes n'ont pas encore trouvé la clé de l'Unité que détient la Sagesse. Je parle, mais ils ne comprennent pas ce que Je dis; seuls les Miens reconnaissent ce que Je dis. Je les connais et ils Me connaissent.
Aussi, Ma Vassula, fais ton travail avant le temps convenu. Je t'ai confié Ma Croix. Porte-La avec amour. Bientôt surviendra un temps de grande détresse, semblable à nulle autre. Mais bientôt après cela, une fontaine jaillira de Ma Maison pour irriguer ce désert. Aussi, courage, Ma fille. Porte avec amour cette barre à travers tes épaules, et rien ne sera en vain. Si l'argile[49] est dissoute par les premières gouttes de pluie, ton âme demeure à jamais. Aussi, la mort est engloutie par la victoire. L'Amour est près de toi pour te guider, aussi garde-toi de ces philosophes et théologiens. La sentence qu'ils recevront sera la plus sévère! Bénis-Moi et aime-Moi comme Je t'ai appris à M'aimer: intimement, mais en n'oubliant jamais que Je suis Saint.

23 novembre 1990

— La paix soit avec toi. Ma fille, veux-tu progresser?
— Oui, Seigneur, je le veux.

49. En d'autres termes: même si tu meurs, toi qui n'es que poussière et cendres, ton âme est immortelle.

— Alors, Mon enfant, Je t'aiderai à progresser. C'est également Mon Désir. Ne t'endors pas, veille aux dangers qui t'entourent. Ma fleur, alors même que Mes ennemis te tiraillent et arrachent tes pétales, Je les remplacerai toujours. Te chiffonneraient-ils, n'aie pas peur, Je déverserai du ciel Ma Rosée et te ranimerai. Belle, tu dois être, et belle Je te rendrai et te garderai. Tu es Mon envoyée et tu n'as rien à craindre des hommes.

S'ils t'accusent parce que tu M'appelles Père, c'est parce qu'ils n'ont pas compris que l'Esprit d'Amour que tu as reçu et qui parle à travers toi, t'apporte paix et amour pour crier: Abba!

Mon Esprit est uni à toi Mon enfant. Je t'ai donné des messages oints de l'Esprit pour votre ère, pour vous ranimer. Toutes les paroles que Je t'ai données sont Esprit et elles sont Vie. Les brebis qui M'appartiennent reconnaissent de loin Ma Voix. Bientôt, J'enverrai Ma Lumière loin et partout, d'un horizon à l'autre. Oui, Je ferai briller la discipline. Aie Ma Paix, voilà Ma Bénédiction. Aime-Moi comme Je t'aime et rappelle-toi que Je suis ton Roi, aussi donne à ton Roi l'amour qu'Il mérite! Sois bénie. Je Suis.

27 novembre 1990

— Très chère âme, la paix soit avec toi. Es-tu heureuse d'être avec Moi?

— Oui, Seigneur, très heureuse. Loué soit le Seigneur.

— Ma fille, quand tu t'efforces de travailler pour Moi, J'utilise tes efforts et ta fatigue pour guérir d'autres âmes. Oui, apprends que tout ce que tu fais dans un esprit de sacrifice J'en fais bon usage... Je suis l'Educateur de l'humanité. Reste près de Moi afin que Je chuchote Mes intentions à ton oreille. Reste, Ma bien-aimée, près de ton Dieu. Il est Celui qui t'aime le plus. Reste près de Moi, Mon enfant et permets-Moi de te nourrir de Mon Pain. Viens près de Moi, Ma fille et chez Moi tu ne trouveras aucune brutalité. Je ne ferai que veiller sur toi et être ton conseiller. Je te chanterai Mon Chant d'Amour, un Chant qui te sauvera ainsi que toute l'humanité. Tu es argile, mais qu'importe? Je t'ai donné une âme immortelle, une âme qui très bientôt reviendra à Moi. Tu es sans majesté et sans beauté, à moins que tu reflètes Ma Divine Majesté et Ma Divine Beauté à travers la pureté de ton âme, et ceci, Mon enfant, ne peut se manifester que si tu M'imites. M'imiter est en ton pouvoir. Aussi, approche-toi de Moi, Mon enfant, et offre-Moi ta volonté et Je ne tarderai pas. Je volerai à toi avec des chaînes d'amour, pour t'attacher à Moi et t'enseigner comment Me louer et comment M'adorer jour et nuit. Je t'enseignerai les hymnes de Mes anges. Je te montrerai Ma Gloire et Ma Force. Je t'apprendrai comment t'accrocher à la Vie. Je t'apprendrai comment te prosterner devant Moi et M'adorer. Aussi, viens près de Moi et Je veillerai sur ton âme.

— Mais, Seigneur, qu'aimes-Tu en moi, pécheresse?

— Ta nullité et ta misère... Quand la froideur du monde te deviendra insupportable, viens vite dans la Fournaise de Mon Cœur. Je suis ton Refuge et Je t'abriterai.

Ton Père qui est au Ciel sait que tu n'appartiens pas au monde. Il t'envoie cependant dans le monde pour montrer au monde le Cœur de votre Dieu, et que Je-Suis-Qui-Je-Suis t'a envoyée.

Viens maintenant, repose-toi en Moi et permets-Moi de Me reposer en toi.

ΙΧΘΥΣ

CAHIER 48

4 décembre 1990

— Seigneur, Tu es Tout, et je ne suis rien.
Tu es prodigieusement Grand,
aussi, que sont mes louanges pour Toi le Saint des Saints?
Personne ne peut assez Te glorifier.
Cependant, mon cœur appelle sans cesse Ton Nom
parce que Tu as jeté Ton dévolu sur mon cœur.

— **Tes appels et tes louanges ne sont pas en vain. Aime-Moi et loue-Moi sans cesse, car tant qu'ils viennent de ton cœur, ils Me sont acceptables.**

— Seigneur, Tu as ouvert pour moi les portes du Ciel, et des Réserves du Ciel, Tu m'as nourrie de la Manne que Tu réservais pour mon âme; Tu m'as donné le Pain du Ciel!

— **Toutes les paroles que Je t'ai dites sont Esprit et elles sont Vie. Grandis dans Mon Esprit afin que tu deviennes un témoin parfait de Mon Saint Nom. Et maintenant, Je te demande de ne pas céder à la détresse[50]. Tu vois, Ma Vassula, Ma Croix est lourde et… ah! J'ai besoin de Me reposer de temps en temps. J'ai dit: «Qui est assez généreux pour porter Ma Croix pour Moi?» et tu as répondu: «Prends-moi, purifie-moi et utilise-moi comme il Te plaira.» La Croix de Paix et d'Amour, pour vous unir tous, est maintenant à ta charge…**

50. J'étais triste à cause de nouvelles persécutions.

Mais, Mon élève! depuis toute éternité, Je t'avais prédestiné cette Croix. Tu M'appartiens, et pour cette raison, tu dois refléter Ma Divine Image. Je suis Celui qui pourvoit ton âme de Mes Ressources Infinies. Je ne t'abandonnerai pas, âme. Je t'alimenterai comme un encensoir afin que ton amour atteigne le ciel comme une colonne de fumée parfumée. Ne te lasse donc pas d'écrire. Ne te lasse pas de bénir tes persécuteurs. Ne te lasse pas d'offrir ton dos à ceux qui te frappent. Tu peux être triste au point d'en mourir, mais la Reine est toujours là, à te soigner pour te ramener à la joie et à la vie. La Reine te procure du courage, et vient revêtir tes plaies de Son Affection et de Son Amour Maternels. Ta Maman prend soin de toi, Mon enfant, comme Elle a pris soin de Moi. Dans ta misère et ta détresse, Elle vole vers toi et te prend dans Sa Chambre[51], cette Chambre-même de Celle qui M'a conçu. Aussi, ne retiens pas tes larmes, parce que lorsque tu les verses dans cet exil à cause des murs que Mon peuple a bâtis dans toutes les directions dans Ma Maison, se divisant eux-mêmes, Moi aussi Je verse des Larmes de Sang pour les mêler aux tiennes, afin que lorsque le Père verra tes larmes mêlées aux Miennes, Il ne refusera pas tes supplications de lever l'exclusion, car ce ne seront plus tes larmes, mais les Miennes. Crie, Mon élève, que la terre entière, d'un bout à l'autre, se repente et revienne à Moi, une, sous Mon Saint Nom. Vassula, porte Ma Croix avec amour et non avec consternation. Sois heureuse.

---

51. Son Cœur Immaculé.

6 décembre 1990

(Message pour une âme[52]*:)*

Mes Lèvres ont proféré:
Viens, viens à Moi
et Je serai ton Berger[53];
Je ne te ferai jamais défaut
ni n'oublierai-Je jamais de te paître;
avec Moi, tu n'auras jamais ni faim ni soif.

ΙΧΘΥΣ

10 décembre 1990

— Dieu! Que Tu me fais souffrir par Ton Amour! Comme Tu me fais souffrir de soif de Toi!

— Ma fille, aimerais-tu vivre dans Mes Plaies?

— Je voudrais n'importe quoi que Tu aimerais que j'aie.

— Alors, Je te revêtirai de sainteté. Je te rendrai forte dans ton amour pour Moi, pour qu'il dure à jamais. Quoique tu sois encore bien loin d'être parfaite, Je peux te rendre parfaite. Je t'ai formée de cette façon particulière pour témoigner de la Vérité et Me glorifier. Je t'ai envoyée à un peuple qui n'est pas le tien, pour proclamer Mon Amour. Ceux qui veulent entendre, qu'ils entendent, et ceux qui ne veulent pas entendre, qu'ils n'entendent pas. Ne te lasse pas de méditer et d'écrire. Tu ne dois pas te sentir dépossédée: Je suis avec toi, à ton côté, dans cet exil. Aime-Moi, adore-Moi et vis pour Moi ton Seigneur. Permets-Moi et laisse-Moi libre de

52. Une personne récemment attirée par la vie monastique (note du traducteur).
53. En anglais: «I shall shepherd you.»

t'envelopper dans Mon Amour Infini. Ah!... comme Je Me délecte lorsque tu Me désires et que tu as soif de Moi! Renée[54]! adore-Moi!

Sûrement, tu ne feras pas attendre trop longtemps l'Epoux? Viens vite vers ton Très-Saint, et Il placera ta tête sur Son Sacré-Cœur, et quand tu entendras Ses Battements de Cœur, tu ne Lui résisteras plus; tu n'auras plus qu'un désir: Le glorifier. Et Il déversera Son Esprit sur toi pour envahir ton esprit et annihiler tout ce qui est toi. Plus jamais tu ne seras «toi»; ton «toi» ne sera plus. Je t'envahirai complètement, petite, de sorte que tes motifs seront Mes Motifs, tes désirs seront Mes Désirs, tes paroles seront Mes Paroles, tes pensées, Mes Pensées, et Je te cacherai au plus profond de Mon Sacré-Cœur. J'effacerai complètement ton «toi», si tu Me le permets. A partir de maintenant, après ta consécration[55] à Mon Sacré-Cœur, tu M'adoreras du plus profond de ton cœur et tu Me serviras avec un Feu au-dedans de toi; tu Me serviras en fidélité et avec plus de ferveur que jamais auparavant. Faible tu es, mais Ma Force te soutiendra. Je ne te permettrai pas de Me perdre de vue, pas plus que Je ne permettrai à ton cœur de papillonner ailleurs. Sans cesse, ton cœur ne cherchera que Moi seul et ne désirera que Moi seul. Je te ferai détester tout ce qui est contraire à Ma Sainteté et à Ma Volonté. Je te passerai au crible pour être sûr qu'aucun rival ne subsiste en toi.

A partir d'aujourd'hui, les liens par lesquels Je t'ai enlacée seront maintenant encore resserrés par Moi. Je rendrai ton âme assoiffée de Moi et ton cœur malade d'amour pour Moi ton Dieu.

---

54. Jésus m'a appelée par ce nom.
55. J'étais résolue et je m'apprêtais, ce soir-là, à faire acte de consécration au Sacré-Cœur, en prononçant la formule de consécration que je possédais.

Maintenant, Je n'attends plus que de consumer tout ton être par les Flammes de Mon Cœur et de Mon Amour. Quoi que tu fasses dorénavant ne sera fait que pour Mes Intérêts et Ma Gloire, sans rien pour toi. En d'autres termes, tu seras dorénavant l'esclave de Mon Amour, la victime de Mon Cœur et l'objet de Mes plaisirs, le jouet de Mon Ame. Je ferai ressembler tes traits aux Miens, à commencer par les chagrins lorsque tu vois la surdité des âmes, et l'agonie de les voir tomber. Ma Vassula, Je donnerai à ton âme son content. Non, Je ne t'épargnerai pas Ma Croix, pas plus que le Père ne Me L'a épargnée. Comment le pourrais-Je? Mon affection pour toi est incommensurable; en outre, tout est dû à Ma Générosité et à Mon Amour Infini. J'entraverai tes yeux, tes pensées, tes désirs pour qu'ils deviennent captifs de Mon Cœur. L'Amour est à la recherche de l'amour. Indigne tu es, et tu ne mérites rien, mais ta fragilité, ta misère, ta totale incapacité et ta nullité ont assailli Mon Affection et ont fait reculer Ma Colère. Regarde-Moi dans les Yeux…

(Je regardai mon Sauveur dans les Yeux.)

— Tu vois? Tu as vu la Fidélité et la Vérité face à face. Désormais, ta consécration doit être loyale, invoquant Mon Nom jour et nuit, nuit et jour. Je ferai en sorte que ton esprit rebute tout ce qui n'est pas Moi. Comme un voyageur assoiffé, tu auras soif de tout ce qui est Saint; mais Je serai toujours prêt à t'offrir de l'eau de la Source de Vie et le Sang de Mon Divin Cœur. Ton âme portera plus que jamais auparavant les Marques de Mon Corps, pour la conversion de beaucoup d'âmes. C'est pourquoi tu prendras volontairement la route du Calvaire. Je développerai ton zèle à Me plaire plus encore et à observer Ma Loi, afin que tu édifies et que tu plantes tout ce que Je t'ai donné. … maintenant lève-toi et restaure Ma Maison.

Ne t'arrête pas de M'aimer, sinon tu te faneras aussi vite que l'herbe et tu dépériras. Et rappelle-toi une chose majeure: l'Amour t'aime.

ΙΧΘΥΣ

— Loué soit le Seigneur! Gloire à Dieu!

— Comme l'argile dans les mains d'un potier, Je te moulerai comme il Me plaît puisque tu M'as donné la liberté de le faire, et ta volonté.

— Loué soit le Seigneur! Tu m'as demandé d'être l'esclave de Ton Amour. Puisque je ne suis pas digne d'être Ton esclave, l'esclave de Dieu, conduis-moi dans Ton Feu purificateur et raffine-moi, mon Roi, comme l'or est raffiné, afin que je sois capable de Te glorifier, car je ne fais que commettre péché sur péché. Par pitié, Seigneur, permets à Ta Lumière de briller dans mon obscurité. Apprends-moi à être la victime de Ton Cœur, et à embrasser Ta Croix avec ardeur et non avec consternation, lorsque je suis sur la route du Calvaire, cette route qui conduit au bonheur, puisque c'est le Chemin de la Sainteté, dans lequel, comme la Victime Parfaite, Tu T'es engagé le premier. Je suis constamment en train de pécher, pourtant Tu ne me punis pas comme mes fautes le méritent. Tu m'épargnes sans cesse, et Tu permets à Ta Lumière d'être en moi. C'est pourquoi je sais que Dieu est à mon côté.

Maintenant, je dois accomplir les vœux que je T'ai faits dans mon acte de consécration à Ton Sacré-Cœur. Permets-moi de demeurer à jamais sous Ta Tente. Permets-moi de m'accrocher à Toi et de contempler Ta Sainte Face, et je Te bénirai toute ma vie, et mon âme se délectera dans Ton Amour et dans Ta Présence.

— Mon élève! alors réjouis-toi sous Ma Tente, et adore-Moi. Souviens-toi que Je t'ai donné quelque chose de très pré-

cieux. Garde-La et embrasse-La avec amour: Ma Croix te guidera dans la sainteté, petite âme. Je te donne Ma Paix.

— Je Te bénis, Jésus.

— **Celui qui t'aime le plus te bénit.**

ΙΧΘΥΣ

18 décembre 1990

(Je ressens intérieurement que j'entre dans une nouvelle phase de ma vie avec Dieu, comme un élève promu dans une classe supérieure qui requerra plus d'efforts...)

— Seigneur?

— **Je Suis. Prends Ma Main et dis avec Moi cette prière:**

«Père, prends tout ce que j'ai. Amen.»

Offre tout au Père et tu seras sauvée. N'aie pas peur de Lui. Abandonne-toi à Lui. Vassula, permets-Moi de respirer en toi. Sois confiante car Je suis avec toi. Lis Isaïe 55.

ΙΧΘΥΣ

Vassula, ajoute ces lignes à Mon message donné pour la réunion[56]: Je viens à vous aujourd'hui pour vous dire combien Ma joie est complète. Puisque Je suis Celui que vous cherchez, et que vous êtes venus de loin pour M'entendre, Je vous dis, Mes très bien-aimés: Moi votre Dieu, Je vous souris. Demeurez dans Mon Amour. Priez pour la Paix et soyez témoins de la Vérité. Moi Dieu, Je suis avec vous et Je vous bénis.

56. Réunion du 22 décembre 1990 à Notre-Dame des Marches, Broc, Suisse.

19 décembre 1990

— Mon Seigneur!

— Je Suis.

— Si seulement mon peuple[57] écoutait...

— L'anathème sera levé *(Ap 22,3)* et ils écouteront; alors courage, petite... Je suis avec toi... L'Amour est près de toi... O Vassula, bien-aimée, Je suis si près de toi![58] Je Suis. Et Je veille sur chaque pas que tu fais. Lève-toi et embrasse-Moi. Je suis près de toi. Baise le Sacré-Cœur qui est devant toi...

(J'ai embrassé Son Sacré-Cœur.)

— Oui...

(J'ai regardé Sa Sainte Face et mon cœur a bondi de joie.)

— Maintenant, fais-Moi plaisir en écrivant.

(Message pour la réunion de prière du 19 janvier 1991 en l'église Marie-Reine, Martigny, Suisse:)

— La Paix soit avec vous. C'est Moi, enfants bien-aimés, le Sacré-Cœur. C'est Moi, votre Sauveur qui vous poursuis pour gagner votre cœur et le faire entièrement Mien. Aujourd'hui, Je vous ai assemblés comme dans une école, pour être ensemble et apprendre directement de la Sagesse. J'entends donner la vue aux aveugles afin qu'ils puissent voir Ma Splendeur et instruire les ignorants à grandir dans Mon Esprit et à savoir comment distinguer le péché de la vertu. J'entends gagner chaque cœur, même ceux qui se sont transformés en granit et sont inflexibles comme des pierres de moulin. Comme un homme qui invite ses amis à partager sa

57. Mes frères orthodoxes.
58. Jésus veut dire: près de la petite table où j'écris.

propriété, Moi aussi Je vous invite à partager Ma Propriété. Mes assemblées sont similaires à une école. Elles doivent vous faire progresser dans votre vie spirituelle et rappeler à chacun d'entre vous le contenu de Ma Parole.
Dans Mon Ecole, Je prépare vos esprits à Mon Grand Retour, et par Ma Grâce, Je vous entretiens de temps en temps de choses futures pour vous faire connaître leur aboutissement. Si vous n'apprenez pas de la Sagesse, comment serez-vous alors capables de vivre selon Ma Loi?
En outre, beaucoup d'entre vous ne Me connaissaient pas, pas plus que celle que Je vous ai envoyée. Mais Je suis la Résurrection. Vous voyez comme les anciennes prédictions se sont vérifiées?
Je l'ai ressuscitée de son tombeau et l'ai prise par la main et l'ai formée pour la courtiser. Oui, Je suis la Résurrection et la Lumière. N'ai-Je pas fait de même pour vous aussi? N'ai-Je pas eu pitié de vous? Et ceux qui étaient loin de Mon Cœur, ne les ai-Je pas cherchés et trouvés? Et ne vous ai-Je pas, avec un Amour Infini, ramenés à Moi? Et ne vous ai-Je pas, Moi votre Seigneur, courtisés toutes ces années durant pour gagner votre cœur?
J'ai suscité Ma Miséricorde pour réprimer Ma Fureur, et J'ai déversé Mon Amour au lieu de Ma Justice. Et Ma Paix vous a été offerte, suivie par la Grâce, et du Ciel Ma Compassion S'est penchée pour vous accorder les requêtes de vos prières. Je n'ai jamais cessé de vous bénir.
Comme un cours d'eau courant dans un jardin, J'ai dit, Je M'apprête à arroser Mes orchidées, J'entends irriguer Mes parterres de fleurs, et vous voyez, Mon cours d'eau a grossi en une rivière et Ma rivière croîtra en une mer *(Si 24,30-31)*.
Aujourd'hui, Je vous dis: votre Berger vivra bientôt parmi vous et paîtra Son troupeau dans les jardins de Sa Cité. Non, non, vous n'êtes pas encore un seul troupeau, mais J'irai vous

chercher pour vous ramener un par un du désert. Aussi, Mon petit troupeau, lorsque de loin vous verrez votre Berger revenant du désert, sachez que J'aurai avec Moi le reste de Mes agneaux, et toutes les choses que Je t'ai faites à toi, Ma fille, Je les ferai aussi à tes frères. Je vous sauverai. Je vous unirai à vos autres frères et la Sagesse sera votre Saint Compagnon pour vous instruire sans cesse.

Bientôt, Je lèverai l'anathème *(Ap 22,3)* et votre grande apostasie prendra fin. Et la prière que Je vous ai donnée sera accomplie. Ma Volonté sera faite sur la terre comme elle l'est au Ciel, et sous Mon Nom Sanctifié, beaucoup de nations viendront de loin, de tous les coins de la terre, demeurer près de Mon Saint Nom, exaltant Ma grandeur par la divinité que Je vous aurai rendue. Et Mon Règne viendra, parce que d'en haut Mon Trône descendra dans Ma Cité Sainte. Et Je régnerai parmi le reste subsistant, qui Me verra face à face. L'Amour reviendra comme amour.

Et Ma Volonté sera faite sur la terre comme elle l'est au Ciel parce que vous serez un, M'adorant autour d'un seul Tabernacle avec l'amour dans votre cœur et un Feu brûlant en vous. J'accomplirai Ma prière sacerdotale. Sur la terre comme au Ciel, vos âmes seront enracinées en Moi, dans l'Amour, dans l'Unité, et comblées de l'absolue plénitude de Mon Esprit. Oui, Mes bien-aimés, non seulement Je vous donnerai votre pain quotidien, mais aussi un Trésor caché venant de Mon Cœur: la Manne Céleste, qui transfigure, élève votre esprit en une copie de Mon Esprit. Vous serez transfigurés par l'effusion de Mon Esprit, pour que vous sachiez pardonner pleinement à ceux qui vous ont offensés, Je mettrai en vous un Esprit de Compréhension et de Miséricorde pour vous faire comprendre ce que signifie la «crainte du Seigneur». Oui, bien-aimés, et une fois que vous saurez et que vous comprendrez, Je vous donnerai la Sagesse pour

qu'Elle soit votre Compagnon de route et votre guide, pour vous conduire dans la sainteté, cette sainteté qui paralysera Satan pour mille ans, l'empêchant de venir entre nous, et entre vous et Mon Amour.
Aussi, quand vous verrez le ciel se dissoudre en flammes et les éléments fondre dans la chaleur, sachez que ceci est le signe du commencement de Ma Promesse, et des Cieux Nouveaux et de la Terre Nouvelle: le Renouvellement de Mon Eglise, la Renaissance de Mon Eglise,

la Renaissance de vos cœurs.

Et vous, vous qui êtes des âmes consacrées à Moi, vous qui Me représentez, Je vous dis ceci: vous rappelez-vous comme J'ai entendu la plainte que M'adressait Elie concernant le comportement d'Israël? et comme il a cru qu'ils avaient tué tous Mes prophètes et démoli tous Mes autels? Vous rappelez-vous quelle fut Ma réponse à cela? J'ai dit: J'ai gardé pour Moi sept mille hommes qui n'ont pas fléchi le genou devant Baal *(1 R 19,10-18)*.
Et aujourd'hui, frères bien-aimés, Je vous dis: J'ai gardé pour Moi un reste, choisi et transformé par Ma Grâce pour Me rester fidèle. Ce reste, Je l'élève pour rebâtir les autels qui furent jadis et reconstruire Mon Sanctuaire. Ils sont les bâtisseurs de Ma Nouvelle Eglise.
Ainsi, alors que les méchants continuent leurs mauvaises actions, vous persécutant, vous, Mes prophètes et Mes saints de la fin des Temps, et alors que les orgueilleux luttent pour l'autorité mondiale, Moi votre Rédempteur élève et forme ces bâtisseurs dans Mon Sacré-Cœur pour être les piliers de Mon Eglise. Frères, jamais Je ne vous abandonnerai, jamais... venez... soulevez votre croix et suivez-Moi et quand vous vous sentirez fatigués sur le chemin, appuyez-vous sur Moi, appuyez-vous sur Mon Cœur et les Battements de Mon

Cœur vous donneront le courage dont vous avez besoin et la force de continuer sur le chemin du Calvaire. Soyez bénis. Je vous ai dit tout cela aujourd'hui afin que vous puissiez trouver la paix et l'espérance en Moi. Je vous ai parlé aujourd'hui en termes clairs. Bien-aimés, restez vigilants et éveillés et vous entendrez Mes Pas. Le Verbe est maintenant très près de vous et sur le chemin de Son Retour. Je vous bénis tous, laissant le Soupir de Mon Amour sur vos fronts, ce Soupir qui vous marque comme Miens. Soyez un sous Mon Saint Nom.

ΙΧΘΥΣ

22 décembre 1990

— Mon Jésus?

— Je suis. Je te traite très gentiment afin que, comme Ma fleur, tu croisses. Je te veux forte et, crois-Moi, Je rendrai cela possible. Tu seras forte, Ma fille, puisque tu portes Ma Parole. Devant toi, Je Suis, pour briser toutes les barrières qui se dressent alors que tu témoignes. Je suis le Très-Haut, et Je te dis, Ma fille, que Je veillerai à ce qu'aucune puissance d'en-bas t'empêche de proclamer Mon Message.

Je t'ai sortie du pays d'Egypte pour Me répondre dans un pays étranger et pour témoigner à un peuple qui n'est pas le tien. Aussi, alors que ton comportement était épouvantable et que tes facultés étaient tarées, t'empêchant de voir la Lumière, la Miséricorde et la Compassion[59] a été saisie par ta stupéfiante misère, culpabilité et pauvreté, et Elle est venue à ton secours. Non, non, Vassula, tu n'as mérité aucun de Mes Dons. En effet, J'avais dans Ma Main des serviteurs qui

59. La Miséricorde et la Compassion: le Seigneur.

M'honoraient, ne prononçant jamais Mon Nom qu'en sainteté, qui Me bénissaient sans cesse, qui louaient de tout cœur la Sainte Trinité, mais pourtant c'est après toi que Mon Cœur, un Abîme d'Amour, S'écria. Tu avais accumulé dans Mon Cœur chagrin sur chagrin, trahison sur trahison. Tu luttais contre Moi, petite créature chétive... Mais Je savais que ton cœur n'est pas un cœur partagé, et qu'une fois que J'aurais conquis ton cœur, il deviendrait entièrement Mien. Objet de ton ère, tu luttais contre Moi, mais dans la lutte, Je t'ai terrassée et t'ai traînée dans la poussière et dans le désert, où Je t'ai laissée toute seule.

Je t'avais pourvue d'un ange gardien depuis le commencement de ton existence, pour te garder, te consoler et te guider, mais Ma Sagesse a ordonné à ton ange gardien de te quitter pour te laisser affronter seule le désert. J'ai dit: «Tu vivras en dépit de ta nudité[60]! parce que nul homme n'est capable de survivre seul[61].»

Satan aurait complètement pris possession de toi et t'aurait tuée; Mon ordre lui fut donné à lui aussi: Je lui interdis de te toucher. Alors, dans ta terreur, tu t'es souvenue de Moi et tu as regardé le Ciel, Me recherchant désespérément. Tes lamentations et tes supplications ont soudain rompu le silence mortel qui t'entourait et tes cris terrifiés ont percé les cieux, atteignant les oreilles de la Sainte Trinité...

«Mon enfant!» ainsi résonna pleine de joie la Voix du Père à travers tout le Ciel.

«Ah!... Je la ferai maintenant pénétrer Mes Plaies[62] et Je la laisserai manger Mon Corps et boire Mon Sang. Je l'épouserai et elle sera Mienne pour l'éternité. Je lui montrerai

60. Je m'étais retrouvée «nue» dès que mon ange gardien et tout le Ciel m'avaient tourné le dos.
61. C'est-à-dire abandonné par le Ciel.
62. C'est maintenant le Fils qui parle.

l'Amour que J'ai pour elle, et ses lèvres auront dorénavant soif de Moi, et son cœur sera le repos de Ma Tête. Elle se soumettra avidement et quotidiennement à Ma Droiture. Je ferai d'elle un autel de Mon Amour et de Ma Passion. Moi, et Moi seul serai son seul Amour et sa seule Passion. Et Je l'enverrai avec Mon Message aux bouts du monde, conquérir un peuple irréligieux, un peuple qui n'est même pas le sien. Et volontairement, elle portera Ma Croix de Paix et d'Amour, prenant la route du Calvaire.»
«Et Moi le Saint Esprit descendrai sur elle pour lui révéler la Vérité, et Nos[63] profondeurs. Je rappellerai au monde, à travers elle, que le plus grand de tous les dons est l'AMOUR.»
«Alors, célébrons[64]! Que tout le Ciel célèbre!»
... Je t'ai prise par la main et t'ai formée pour devenir un signe vivant de Mon Grand Amour, un témoin de Mon Sacré-Cœur et du renouvellement de Mon Eglise. Je suis la Résurrection.

ΙΧΘΥΣ

(Voici quelques explications concernant ce message:
Au début, lorsque je fus soudain approchée par mon ange gardien pour ouvrir la voie au Seigneur, moi, pécheresse invétérée, n'avais aucun amour pour Dieu. Même lorsque mon ange gardien m'expliquait les choses du Ciel, j'étais simplement contente d'être avec mon ange. Je ne recherchais rien de plus. Lorsque Dieu m'a approchée, prenant la place de mon ange, je fus en un certain sens désappointée. Je Le ressentais comme un étranger, tandis que pour mon ange, ayant déjà fait connaissance avec lui, mes sentiments de surprise étaient devenus des sentiments d'amour. Alors, je ne

63. Celles de la Sainte Trinité.
64. C'est la Sainte Trinité qui parle; le Père a parlé, puis le Fils, puis le Saint-Esprit, puis la Sainte Trinité, à l'unisson.

comprenais pas pourquoi Dieu voulait prendre la place de mon ange. J'en étais même venue à croire que Dieu était jaloux de l'amour que j'éprouvais pour mon ange.

Plus tard, après une douloureuse purification donnée par mon ange gardien, Dieu m'approcha une seconde fois, prenant à nouveau la place de mon ange. Il resta avec moi quelques jours, ouvrant peu à peu mon cœur, et avec sagesse, afin de ne pas m'effrayer. Alors que je commençais seulement à m'ouvrir à Lui, Il S'enfuit et Se cacha. Je me tournai de tous côtés à la recherche de mon ange, mais je ne le trouvai pas non plus. Je sentis quelques âmes[65] *m'approcher, quémandant auprès de moi des prières et des bénédictions. Je priai pour elles et les bénis. Puis elles me demandèrent de les bénir avec de l'eau bénite. Je courus vite à l'église chercher de l'eau bénite pour elles, et je les bénis en les aspergeant d'eau bénite. J'en profitai pour leur demander si elles avaient vu où se trouvaient mon ange et Celui que mon cœur avait déjà commencé à aimer. Mais je n'obtins aucune réponse.*

Chaque jour qui passait me semblait une année. Je recherchais la Paix sans pouvoir la trouver. J'étais entourée de beaucoup de gens et de beaucoup d'amis mais je ne m'étais jamais sentie aussi seule et abandonnée que ces jours-là. C'était comme si je traversais l'enfer. Maintes fois, je criai à mon ange de me revenir, mais, non, il m'avait tourné le dos et était parti!

«Mon âme défaillait du fait de sa fuite,
je le cherchais mais ne le trouvais pas,
je l'appelais, mais il ne me répondait pas» (Ct 5,6).

J'errai ainsi abandonnée à moi-même dans le désert durant trois longues semaines, au point que je ne pouvais plus le supporter. Alors, dans ma détresse, Le recherchant dans le Ciel, je criai à Yahvé:

65. Des âmes du purgatoire.

«Père! O mon Dieu, prends-moi et fais de moi ce que Tu veux! Purifie-moi afin que Tu puisses m'utiliser!»

Ce cri sitôt sorti du plus profond de mon cœur, soudain le Ciel s'est ouvert et, comme la Foudre, la Voix du Père s'est écriée, pleine d'émotion: «Moi, Dieu, Je t'aime!» Instantanément, je me suis sentie comme si d'une tornade, je passais dans un monde magnifiquement paisible.

Mon ange réapparut et, avec une grande tendresse, commença à panser mes plaies, ces plaies que j'avais reçues dans le désert.

Cela se passait à Pâques 1986.)

23 décembre 1990

— O Père, comme une terre assoiffée, je languis de Toi. Laisse-moi maintenant me reposer un instant sur Tes Genoux pour me consoler. Que je me sente enveloppée par Ton Cœur consolateur. J'ai besoin de Ta chaleur.

— Repose ta tête sur Mon Cœur; repose-toi et sens-toi consolée… ton Abba prend soin de toi; ton Abba est heureux de t'avoir près de Lui. Repose ta tête sur Mon Cœur, Mon enfant, et écoute les Désirs de Mon Cœur: Mon Cœur, suppliant et Se languissant, est toujours à la recherche de l'amour du reste de Mes enfants…

(Dieu resta silencieux durant quelques instants.)

— Mon enfant[66]? Que donnerais-tu pour consoler ton Abba?

— O Seigneur, tout ce que Tu voudras: mon amour, ma volonté, mon cœur et mon âme.

— Et quoi encore?

— Ma vie, en expiation, pour Tes Désirs.

66. Soudain, le Père tourna la tête vers moi et me regarda.

— Alors, descends de Mes Genoux et va porter témoignage en Mon Nom, va parler aux nations de Mon Grand Amour. Rappelle-leur que Ma Promesse est très près de son accomplissement et que Mon Retour est imminent. La Nouvelle Jérusalem[67] est à portée de main. Je M'apprête à renouveler Mon Eglise et Mon Peuple. Aussi, Mon enfant, descends de Mes Genoux et va dans le monde... par amour pour Moi... et fais connaître Mon Amour au monde; que le monde réalise combien J'aime Mes enfants. En fait, ce n'est pas toi qui M'as recherché, c'est Moi qui t'ai trouvée et qui t'ai choisie pour aller dans le monde avant Mon Grand Jour. C'est Moi qui t'ai formée et quoique tu fusses distante à Mon égard, Je t'ai choisie et Je t'ai révélé Ma Sainte Face. Aussi, lorsque tu auras accompli toute l'œuvre dont Je t'ai chargée, Mon enfant, Je t'élèverai à Moi et alors, tu pourras te reposer sur Mes Genoux. En attendant, tant que tu es dans le monde, Je te protégerai des oppresseurs. Pour ta part, Je veux que tu Me cherches constamment dans le Ciel et que tu Me parles. «Yahvé est avec toi», aie toujours ces mots gravés dans ton esprit et dans ton cœur, car Je-Suis-Avec-Toi. Que ton cœur chérisse maintenant tout ce que Je t'ai dit, et rappelle-toi: offre-Moi des prières pour M'atteindre comme de l'encens, pour la conversion des âmes et pour le renouvellement de Mon Eglise.

67. L'Eglise renouvelée, enfin unie.

25 décembre 1990 — Noël

— J'annoncerai Ton Nom à mes frères[68], et je Te louerai en pleine assemblée *(Ps 22,23)*, que cela leur plaise ou non.

— Ma fille, quoique beaucoup d'entre vous ne connaissent pas le chemin de la Paix et le chemin de l'Unité, ne désespère pas. Espère en Moi; Je viendrai bientôt te réconforter. Et toi, Mon enfant, tes supplications[69] ont été entendues par chacun dans le Ciel. Je viendrai vous unir. Ma Parole a été donnée et Ma Volonté sera accomplie. Entre-temps, convoque une nation que tu n'avais jamais connue et donne-leur les instructions que Je t'ai données; et si, de temps en temps, un «sage» t'accuse de M'appeler «Père», rappelle-lui qu'aujourd'hui un Enfant est né et que son nom est: Merveilleux-Conseiller, Dieu-Fort, Père-Eternel et Prince de la Paix *(Is 9,5)*. Prie pour ceux qui se prétendent docteurs de la Loi, afin que leur esprit devienne un esprit humble et pauvre. Prie pour que toutes les nations viennent à Ma Lumière et que la vengeance qui ronge leurs cœurs, en soit extirpée, afin que Je puisse envelopper leurs cœurs dans Ma Paix. Prie pour que l'est fasse la paix avec l'ouest et le nord avec le sud. Prie pour que cette arrogance et cet amour-propre excessifs qui se sont emparés de certains de Mes bergers soient remplacés par l'humilité. Prie pour qu'ils comprennent ce que J'entendais par: «Quiconque veut être grand parmi vous doit être votre serviteur; et quiconque veut être le premier parmi vous doit être votre esclave. Oui, exactement comme le Fils de l'Homme n'est pas venu pour être servi mais pour servir et pour donner Sa vie en rançon pour une multitude» *(Mt 20,26-28)*;

68. Les Orthodoxes.
69. Mes prières pour l'Unité.

Imitez-Moi, Moi votre Seigneur, et vous vivrez...

ΙΧΘΥΣ

30 décembre 1990

— Mon Seigneur et Sauveur?

— Je suis. Délecte-Moi en travaillant pour Moi, en Me priant et en te souvenant de Moi. Viens.

6 janvier 1991 — Epiphanie

(Alors que je me trouvais dans l'église orthodoxe, je dis à Jésus: «J'aurais voulu avoir une belle voix pour pouvoir Te chanter dans le chœur de l'église.» Jésus répondit: «Chante-Moi avec ton cœur; Je Me réjouis beaucoup plus d'entendre ton cœur Me chanter.»

Plus tard, je m'émerveillais en parcourant du regard toutes les fresques et icônes tapissant l'église. Je pensais: «Oh! que c'est beau! regarde toute cette grande Sainte Famille dont nous ferons partie un jour: les anges, les saints, notre Sainte Mère et la Sainte Trinité. Quelle merveilleuse Sainte Famille! Et mon âme soupirait d'être déjà avec Eux, de faire partie de la famille et d'être en adoration constante de la Sainte Trinité.»)

— O mon Dieu!
Que je fasse partie de cette Céleste Famille!
Aussi, Saints Anges, priez pour moi, priez pour moi
pour qu'un jour, je sois avec vous dans le Ciel
et que je vous rejoigne, vous et les Saints,
dans une constante adoration pour le Très-Saint.
Priez pour moi, saints du Très-Haut,
pour que j'apprenne à aimer Dieu à la perfection.
O douce Sainte Maman, intercède pour moi

et apprends-moi à être soumise et obéissante à mon Père,
afin que je puisse accomplir Sa Volonté.
O Sainte Trinité, Source du Sublime Amour,
Fontaine d'Inépuisable Tendresse,
viens m'apprendre à être intime avec Toi,
m'unissant à Ton Esprit d'Amour.
Oh! prépare-moi à cette Heure,
parce que la nuit est presque achevée
et que la vraie Lumière s'en vient bientôt.

Père Saint,
je ne prie pas seulement pour moi-même,
mais pour toute l'humanité;
puisque nous sommes tous Tes enfants,
je Te prie et Te demande
de nous considérer avec Miséricorde;
Père Eternel,
enseigne-nous à nous aimer les uns les autres,
afin que nous fassions Ta Sainte Volonté,
et qu'à juste titre nous soyons appelés Tes enfants.
Amen.

— Enfant bien-aimée, Je Suis Qui Je Suis. C'est avec pleine Compassion et avec grande Force que Ma Bonté et Mon Amour se révèlent à vous tous. Je vous révèle sans réserve Ma Sainte Face pour purifier un peuple qui ne peut distinguer sa main droite de sa main gauche, et qui vit dans une obscurité et une méchanceté profondes.

Votre Abba vous appelle sans cesse. Je suis l'Amour. Si seulement vous M'écoutiez aujourd'hui…

— Seigneur Jésus Christ,
Fils Bien-Aimé de Dieu,

Sacré-Cœur,
Béni soit Ton Nom;
Sacré-Cœur, aide-nous
à porter nos croix en ce monde
et à être soumis au Père
comme Tu fus soumis
et obéissant au Père
jusqu'à la fin.
Amen.

— Moi le Seigneur Je te bénis. Je suis le Verbe et le Verbe t'a été donné et a fait Sa Demeure en toi. Sanctifiez-vous afin que le Verbe puisse venir vivre en vous.

— O Saint Esprit de Vérité,
descends sur nous et sois notre Guide
et notre Saint Compagnon;
Saint Esprit d'Amour,
descends sur nous et enseigne-nous
à être dans le vrai Amour de Dieu;
rappelle-nous la Vraie Connaissance,
cette Connaissance que le Père nous avait donnée,
mais que nous avons perdue
à cause de nos péchés;
Saint Esprit de Paix,
donne-nous Ta Paix,
une Paix que le monde ne peut donner;
fais de chacun de nous
des vaisseaux de Lumière
et des artisans de paix,
afin que «lorsque nous œuvrons pour la Paix,
nous soyons capables de semer des graines
qui porteront fruit dans la sainteté». *(cf. Jc 3,18)*
Amen.

— Bien-aimée, Je te dis solennellement que Moi le Saint Esprit de Vérité Je vous pourvois jour et nuit, nuit et jour de grâces considérables pour vous aider tous sur le chemin de votre perfection.

Puisque Je suis votre Vie, permettez-Moi de vous diriger et d'être votre Guide dans cet exil où vous vivez. Je peux être votre Oasis dans votre désert. O création! comme tu Me connais peu! Tu passes ta vie entière, création, à chercher ton bonheur dans des futilités, alors qu'Omniprésent, Je t'offre l'Amour, la Joie, la Paix et la Liberté pour te libérer des cachots du Mal. Mes Grâces sont multiples, cependant, vous êtes inconscients de Ma Présence et vous ignorez combien de grâces votre esprit peut obtenir de Moi. De Mes fidèles, Je demande des prières pour le salut des âmes.

Tout disparaîtra un jour, tout s'usera comme un vêtement, mais votre âme demeure à jamais. La Moisson est prête et bientôt le Moissonneur viendra récolter Sa Moisson. Soyez prêts pour le Moissonneur.

8 janvier 1991

(Message de notre Sainte Mère pour la réunion de prière du 19 janvier 1991 en l'église Marie-Reine, Martigny, Suisse:)

— La Paix soit avec vous, Mes enfants bien-aimés.

Aujourd'hui, Je vous invite à prier pour l'Unité. Pour vous unir, vous devez aimer. Pour vous unir, vous devez être humbles et obéissants. Ne laissez pas qui que ce soit vous égarer par d'autres doctrines. Restez fidèles et vous ne trébucherez pas.

Aujourd'hui, les pays ne produisent ni bonheur ni vertu parce que votre génération a déserté le Seigneur. La consé-

quence en est le péché; heureux l'homme qui en a été protégé. Votre génération aurait-elle marché dans la Voie de Dieu qu'elle aurait vécu en paix.
O enfants! Je fais appel à vous. Mes Cris vont à toutes les nations. Les morts[70] ne peuvent ni entendre ni louer le Seigneur, mais vous, vous qui êtes attentifs à Mes appels, louez le Seigneur, glorifiez le Seigneur par votre amour, par votre foi et par votre espérance.
Le Ciel t'appartient, Mon enfant, aussi Je t'en supplie, toi qui as une bouche, parle au Seigneur et bénis-Le. Toi qui as des yeux, regarde Sa Beauté, prends plus de ton temps pour contempler Ses Plaies, les Plaies qui Lui ont été données pour ton salut. Toi qui as des oreilles, entends Nos supplications. Toi qui as un cœur, aime le Seigneur, adore-Le et offre-Lui ton cœur. Non, les morts ne peuvent ni parler, ni voir; ils ne peuvent ni entendre ni ressentir.
Bien-aimés, Celui qui vous a créés Se penche vers vous, Son Cœur dans Sa Main, vous L'offrant. Comme un époux offre un anneau à son épouse en signe d'alliance, le Très-Saint vous offre Son Sacré-Cœur en signe de Son Amour, pour vous épouser. Comme une épouse parée de ses bijoux, le Seigneur, le Roi des rois, vous parera de Ses Joyaux[71].
Ne dormez pas mais restez vigilants. Vous avez été achetés et payés par Son Précieux Sang. Ne partez pas à la dérive avec le premier courant. Laissez Son Feu vous consumer en une Torche Vivante dans Son Eglise. Laissez-Le vous modeler en une Image de Lui pour être fidèles et vigoureux et Il vous utilisera pour être les piliers de Sa Nouvelle Eglise.
O enfants, n'ayez pas peur, car Dieu a toujours fait de grandes choses; ayez confiance en Lui.

---

70. Les personnes qui sont mortes spirituellement.
71. Sa Couronne d'Epines, Ses Clous et Sa Croix…

Une mission d'anges vous est envoyée, pour semer les Graines Célestes partout dans le monde et apporter un message de Paix en vos grandes tribulations. Ces Graines seront accueillies comme la pluie sur un sol assoiffé. N'avez-vous pas remarqué comme Dieu a ouvert les Portes du Ciel pour faire pleuvoir sur vous Sa Manne Céleste, oui, Son Saint Esprit de Grâce? Le Tout-Puissant a pris pitié de vous et a dit:

«Laissez Mon peuple manger. Laissez-les manger le Pain du Ciel.» Son ordre a été donné d'En Haut. Comme au temps de Moïse, le Père a nourri Son peuple de manne dans le désert, plus qu'il n'en put manger. Et Jésus Son Fils n'a-t-Il pas multiplié les pains et les poissons? Les foules n'ont-elles pas mangé autant qu'elles voulaient? Et aujourd'hui, pourquoi certains d'entre vous sont-ils surpris que le Saint Esprit descende en pleine force sur vous pour nourrir vos nations de Sa Manne Céleste?

Oh! comme vous connaissez peu la Sainte Trinité!

Vous ne serez pas laissés affligés ni affamés, jamais, ni ne serez abandonnés à errer affamés à travers ce désert. La noirceur de votre ère ne durera pas toujours. Vos péchés seront bientôt expiés et la Bête sera paralysée ainsi que son clan; ils ramperont dans la poussière, parce qu'une Lumière apparaîtra bientôt à l'horizon. Ce sera le Grand Signe.

Aussi, si tes pieds hésitent entre le bien et le mal, prie qu'ils ne te mènent pas à la tentation. Si ton cœur refuse toujours de chanter au Seigneur un Chant d'Amour, prie que le malin ne te trompe pas. Si tes yeux évitent de se lever vers le Ciel, à rechercher les Choses Célestes, prie afin que ta chambre dans le Ciel te reçoive un jour. Si ton âme appartient encore au monde, prie pour que les vices du monde ne se lovent pas en toi, car à l'intérieur de toi tu couverais un Serpent.

Priez avec votre cœur, sacrifiez-vous avec joie et que votre travail ait un sens, et Je vous promets que

votre lampe ne s'éteindra pas durant la nuit.

Ayez soif de Dieu!
Je veille sur vous tous et à cette minute-même, Je Me penche sur vous pour vous bénir tous.

CAHIER 49

8 janvier 1991

— Béni soit notre Seigneur, qui accomplit de constantes merveilles d'amour pour nous. Tu entends nos supplications et nos requêtes lorsque nous T'appelons à l'aide.

Bénie soit notre Sainte Mère, qui pour mon anniversaire m'offre une église où nous[72] pouvons nous réunir pour prier. Tu es notre protectrice et notre espérance.

— Ma fleur, sois avec Moi. Dix jours encore et c'est ton anniversaire, le jour où Je t'ai appelée et plantée, Ma fleur. Ah! Regarde-Moi, cela Me fait plaisir. Ma propriété, Mon bien, comme Je t'aime, Moi le Seigneur! Comme Je Me délecte en toi! Spirituellement, tu étais morte, mais maintenant, Je t'ai ressuscitée pour venir vivre dans <u>Mon</u> monde. Sois heureuse! car regarde ce que Je t'ai donné! regarde le trésor que Je t'ai donné. Ta méditation a une grande valeur. Ce dialogue entre nous est un trésor recherché par beaucoup. Mais c'est à toi que Je l'ai amené et c'est à toi que Je l'ai offert. Je suis descendu depuis le Ciel jusqu'à ta chambre pour te le donner comme cadeau. Mon trésor est recherché par beaucoup, mais rares sont ceux qui peuvent l'avoir. Vassula, Vassula, sois en union avec Moi, Me désirant en même temps, car c'est le fruit parfait de la dévotion. Combien il

72. Mon groupe de prière, nos rencontres mensuelles.

M'est délicieux de prendre ce fruit! Offre-Moi ton temps, offre-Moi ta main, sois Ma tablette. Ne t'ai-Je pas sanctifiée dans Ma Sainteté? Aussi, à ton tour, offre-Moi ton être, ta volonté, ton énergie. Permets-Moi de t'utiliser, petite, permets à Mon Amour de te couvrir, Ma colombe. Aime-Moi.

9 janvier 1991

(J'ai pleuré à cause de toutes les fausses accusations lancées contre moi par X, et qui ont causé tant de dégâts.)

— Fleur, cela aussi est Ma Croix. Mais permets-Moi de te traiter à Ma guise. Ton amour M'atteint comme de l'encens. Lorsqu'un coup de fouet soudain et mortel descend sur toi, Mon enfant, offre-le Moi. J'en ferai bon usage. Les nations sont au bord de la guerre! comprends-tu? Petite, offre-Moi tes souffrances, parce qu'il y a une fureur prête à s'embraser… aie Ma Paix… aie confiance en Moi, Ma Vassula; rappelle-toi, Je te réconforterai.

Et puis, il y a ton ange à ton côté pour te consoler et panser tes plaies. Mais pour le moment, permets-Moi de laisser Ma Croix sur toi. Courage, Ma fille! Ma Croix est lourde et pèse sur toi, mais Je sais que tu voudras bien La porter jusqu'à la fin. Moi le Seigneur Je te bénis; Je te récompenserai dans le Ciel.

(Daniel, mon ange gardien:)

— Ton Jésus t'aime. C'est moi, Daniel. Souviens-toi, le Seigneur t'a donné du repos, mais maintenant, ne serais-tu pas désireuse de Lui donner aussi du repos? Alors, Vassula, donne-Lui satisfaction, et permets-Lui de t'écraser de souffrances. Il y a un grand prix à payer pour la Paix. Il y a

beaucoup de vies en jeu. Le Seigneur t'écrase-t-Il souvent d'un tel poids?
— Pas souvent.
— Non, pas souvent. Aussi, les rares fois qu'Il le fait, accepte-le alors et n'en sois pas véhémente. Vassula, tous ces sacrifices ne sont pas en vain. Ils te fortifient aussi. Reste dans l'Amour de Dieu.

Passionnément désireux Il est
de te purifier;
Passionnément désireuse sois
de Le glorifier.

Daniel ton ange

(J'ai souri; mon ange s'arrange toujours pour me faire sourire d'une manière ou d'une autre; j'ai souri en lisant le beau vers qu'il a écrit; c'est typique de mon ange.)

16 janvier 1991

— O Seigneur! De nouveau, où es-Tu? Comme une terre assoiffée, je languis après Toi. Descends d'En Haut me visiter. Ma lampe est bientôt à court d'huile. Viens remplir ma lampe comme d'habitude.
— Aie Ma Paix. Sur Mes Epaules Je te porte. Comme un berger portant son faible agneau, Je te porte, parce que Je sais que tu es faible, misérable et incapable de marcher par toi-même. Moi le Seigneur, Je déverse sur toi grâce après grâce, pour ta survie. Je ferme les yeux sur tout ce que tu ne fais pas en Ma faveur, Ma fille. Aie confiance. Je t'ai sauvée de la Mort pour marcher à Mon côté. Je t'ai sauvée, Ma fleur, afin que tu marches en Ma présence.
— Mais, Jésus…

— Parle peu. Chut... écoute-Moi[73], écoute: ... combien en ai-Je élevés de cette façon particulière, et éduqués petit à petit?

— Pas beaucoup, mon Seigneur.

— Alors, aie confiance en Moi[74] ...Je t'amènerai à accomplir chaque vœu qui est monté à tes lèvres dans ton acte de consécration. Ecoute... qui était plus déterminé que Moi et Ma Mère pour ton salut?

— Personne.

— Non, personne. En dépit de ton insolence enfantine, Je t'ai offert Mon Sacré-Cœur pour qu'Il devienne ta Demeure. Tiens, Vassula, Je t'ai prise par la main à travers le désert et t'ai montré le Ciel et tes yeux ont vu les milliers de myriades d'anges M'entourant. Ma fille, Je t'ai accordé beaucoup de faveurs et tout cela par l'Amour que J'ai pour toi.

J'essayais de L'interrompre. Ecoute-Moi... [75]Je suis venu t'éduquer toi et des millions d'autres par ces messages. Je ne suis pas venu pour toi seule; Je ne suis pas venu t'élever toi seule, mais pour élever à travers ces écrits nation après nation pour Me glorifier. Et comme Je t'ai prise dans Ma Salle de Banquet, J'entends prendre aussi âme après âme dans Ma Salle de Banquet.

Ne reste pas stupéfaite devant Ma Beauté... Je Suis Parfait... Ecoute-Moi... Ne laisse pas tes yeux se détourner de Moi. Loue-Moi et, si tu Me le permets, Je les tiendrai captifs, Je maintiendrai ton regard sur Ma Perfection pour susciter en toi le désir de ta propre perfection. Je te veux belle, bénie et sainte. Aussi, permets-Moi de te conduire pas à pas au Ciel.

---

73. Jésus a dit ces mots en les murmurant comme une douce mélodie; j'ai cru que je mourais de Sa Tendresse.
74. A nouveau, Jésus murmurait doucement.
75. Jésus murmurait à nouveau tendrement.

C'est vrai que Je t'ai relevée pour être un signe d'unité et pour aller témoigner, mais ne te pourvois-Je pas, pour ta mission, de tout ce dont ton âme a besoin? Tu étais inhabitée, un désert; écoute-Moi, alors. Pour remplir Mon objectif, Je suis venu dans ton désert pour placer Ma Tente en toi, te faire prospérer et faire de toi Ma Propriété et Ma Demeure. Maintenant, tu M'appartiens et tu es Mon Bien et Mon Temple. Pour cette raison, comme la prunelle de Mes Yeux, Je te garde du Calomniateur qui essaie sans cesse, par différentes méthodes, d'envahir et de ravager ton terrain et de faire de toi une désolation. Comme un gardien, Je veille sur toi jour et nuit. Comme une sentinelle, Je te garde de tous les intrus.

Ah! Non! il ne sera permis à personne d'entrer dans Ma Propriété. O bien-aimée, bénie de Mon Ame, permets-Moi de murmurer en toi Mes désirs afin qu'ils soient écrits et lus par une multitude d'âmes, et que par ces lignes, ils puissent entendre:

<u>Ma Voix,</u>
<u>la Voix de l'Amour.</u>

Je n'ai pas parlé seulement à toi, <u>Je parle à chaque âme</u>. Aussi, viens à Moi, toi qui es dans le besoin, Je te tirerai hors de ta misère et te presserai sur Mon Cœur. Viens à Moi, toi qui es désolé et Je ferai jaillir de toi des rivières. Oh! viens à Moi, toi qui es fatigué, et place ta tête sur Moi, repose en Moi, âme. Tes épreuves, tes soucis, Je les porterai, donne-les Moi, offre-les Moi et Je te soulagerai. Réjouis-toi! car dans ton néant, Je Suis Tout, dans ta pauvreté, Je suis Roi, et dans ton abandon à Moi, Je peux faire Ma Volonté! La Droiture et la Justice t'observent, aussi, ne Me fais pas défaut, âme. Le Salut est à ta porte.

Vassula, que Mon Amour te recouvre. Sois attentive et ne Me néglige pas. Souviens-toi, Je suis ton Epoux. Moi le Seigneur Je te bénis. Garde-Moi enfermé dans ton esprit. Cela Me fait tant plaisir. Je t'aime Infiniment. Viens.

18 janvier 1991

(Message pour mon anniversaire:)

— La Paix soit avec toi. Mon Divin Cœur t'encouragera à poursuivre sans peur, et le Père est généreux. Aie confiance en Moi, compte sur Moi, petit enfant. Je te comblerai de consolation. Je t'ai mise à l'épreuve[76]; permets-Moi de t'évaluer de temps en temps. Vassula, même lorsque tout peut te paraître perdu, ne te décourage pas. J'aplanirai ton chemin, mais en même temps, Je t'aurai exposée comme un signe de rejet: le rejet de l'Unité. La sincérité manque parmi eux, aussi, comment peuvent-ils mettre fin aux divergences entre eux?

— Mais Seigneur, entends-Tu par là qu'à la fin, ils rejetteront Tes messages?

— Non, Mes messages suivront leur cours sans toi. Mais tu seras secouée. Je permettrai aux mains souillées de tes persécuteurs de te frapper et de te maltraiter ouvertement. Je leur permettrai de te contredire... et comme des corbeaux ravageant les cultures, ils t'attaqueront. Tu paraîtras perdante à leurs yeux, parce que les plaies qu'ils t'infligeront seront impressionnantes. Ces plaies, Mon enfant, te seront données de l'intérieur de Ma Maison, et par les Miens. Elles te seront données du clan de Caïn. Je leur permettrai de frapper un

76. Ces jours derniers, je n'ai pas senti Dieu près de moi, ni ne L'ai «vu». Je me sentais comme s'Il m'avait désertée, et j'étais mélancolique.

enfant innocent, mais leur joie se transformera en deuil. Oui, tu paraîtras perdante, Ma Vassula, mais n'ai-Je pas aussi paru perdant? J'ai paru avoir échoué dans Ma Mission. J'ai paru alors aux yeux du monde comme le plus grand perdant qui fut. Tu es un signe qui leur est donné pour soulever les questions qui seront controversées. Je n'entends pas te décourager, Vassula. Même alors que certains d'entre eux essaient d'arrêter la diffusion de Mes messages parmi les gens, sois ferme, Ma Vassula, sois ferme comme un roc.

— Seigneur, s'ils me brisent comme Tu sembles me le faire comprendre, infligeant à mon esprit une blessure mortelle, comment serai-je capable de rester ferme et même debout?

— Lacérée tu seras, mais Moi le Seigneur Je Me tiendrai à ton côté, et <u>ta force sera Ma Force</u>. Viens, n'aie pas peur. Rends-Moi témoignage.

19 janvier 1991

(Message de Saint Michel Archange pour la réunion de prière en l'église Marie-Reine, Martigny, Suisse:)

— La paix soit avec vous. Moi Saint Michel Je vous demande de consacrer vos jours et vos nuits aux supplications, au jeûne et à la prière. Bientôt, toutes les choses qui vous ont été cachées seront révélées. Puisse-t-il être la Volonté du Seigneur qu'en Son Jour vous trouviez Sa Miséricorde.

Si seulement vous qui avez endurci votre cœur, L'écoutiez aujourd'hui... si seulement vous ouvriez votre cœur pour entendre Sa Voix... <u>Ouvrez vos cœurs</u>, et non vos intellects... Tout se déroule conformément aux Ecritures. Bientôt beaucoup commenceront à plier leurs genoux devant Dieu, et beaucoup de langues qui n'avaient jamais prononcé une prière commenceront à prier.

Vous qui êtes le peuple de Dieu, soyez unis dans vos convictions et dans votre amour. Soyez unis en prière.
Je vous bénis tous, au Nom du Père et du Fils et du Saint Esprit. Repose-toi dans le Cœur du Seigneur, Vassula. Sois le signe de Son Amour. Aie Ma Paix.

Saint Michel

21 janvier 1991

— «Toi qui as vu mes misères,
et connu les détresses de mon âme» *(Ps 31,8)*,
prends pitié de moi,
prends pitié de nous tous.

— Ma fille, quand ce temps de Grâce sera fini, telle sera aussi Ma Miséricorde. Alors, ton ère aura à faire face à Ma Justice. Je te bénis de Me prêter ton oreille, ton temps et ta main. Je te bénis ainsi que tes compagnons. Prends Ma Main. Je t'offrirai la Joie et la Paix. L'Amour est près de toi. Aie Ma Paix.

ΙΧΘΥΣ

24 janvier 1991

— Mon Seigneur?
— Je Suis. Je te donne Ma Paix. Ecris:

(Message pour les réunions de prière du 20 février en l'église de Gera Lario, Como, Italie, et du 23 février en l'église Marie-Reine, Martigny, Suisse:)

— La Paix soit avec vous.
Bien-aimés, vous que Mon Cœur cherche sans cesse à attirer, vous que Mon Cœur aime à la folie, vous que J'ai créés par Mon Amour Sublime, vous des corps de qui J'ai fait Mon

Temple, vivez saints... Et vous qui péchez constamment, M'offensant, Mon Cœur vous a pardonné.
Réjouissez-vous! Soyez dans l'allégresse! car votre Maître n'est pas loin; votre Seigneur est sur le Chemin de Son Retour. Venez Me louer, venez... Même les cailloux et les rochers crieront bientôt à Mon Retour: «Bénédictions sur le Roi qui vient!» Quiconque vient à Moi, même dans son état de péché, s'il est repentant, Je ne le repousserai pas.
Toutefois, à ce jour, il en est certains qui ne croient ni à Ma Miséricorde ni à Mon Amour. Non seulement ils ne croient pas, mais ce sont eux qui Me trahissent.
Je vous dis aujourd'hui comme J'avais dit jadis: «Nul ne peut venir à Moi à moins que le Père le lui permette» *(Jn 6,65).* C'est pourquoi, Je vous dis de prier pour que tous reçoivent, par la Miséricorde du Père, la Grâce, la Grâce d'être convertis. Oui, pour «venir» à Moi, il est nécessaire d'y être amené par la Grâce qui est donnée d'En Haut. Je ne rejetterai jamais quiconque accepte cette Grâce. Aussi, ne perdez pas votre temps à rechercher des objections à opposer aux Œuvres de Mon Esprit. Si J'appelle et que vous ne répondez pas, c'est à la Grâce que vous ne répondez pas.
Bien-aimés, Je vous demande de prier pour que quiconque reçoit cette Grâce croie et soit converti.
Les Paroles que Je vous donne sont Esprit. Elles élèvent, elles revivifient et elles donnent la Lumière à votre obscurité intérieure. Mes enfants, Je vous ai donné de nombreux signes pour croire que l'Esprit est actif et vivant, aussi, n'attendez pas de signes matériels.
En ces jours, Mon Esprit vient en pleine force pour vous aider, maintenant que la nuit est en train de bailler ses ténèbres tout autour de vous. Combien Mon Cœur a pitié de vous, à voir vos petites mains chercher à tâtons leur chemin à travers cette nuit!

Je vous donne de nombreux signes afin que vous croyiez que ces jours sont ceux où Mon Esprit est répandu sur toute l'humanité *(Ac 2,17)* comme jamais auparavant. Aussi, toi qui hésites encore, méfiant et indécis, Me demandant de te donner un signe qui te montre que ces messages, parmi d'autres répandus dans le monde, sont de Moi, Je te dis à nouveau le plus solennellement: ce ne fut pas Moïse qui donna à tes ancêtres le pain du Ciel, mais Mon Père; c'est Lui qui leur a donné le pain du Ciel. C'est Mon Père qui vous nourrit, car le Pain de Dieu[77] est ce qui descend du Ciel et donne Vie au monde.

Vos ancêtres mangèrent la manne dans le désert, et J'ai donné aux multitudes déjà un signe avant-coureur de Mon Eucharistie, J'ai multiplié les pains pour les nourrir, comme Je vous nourris de Mon Corps pour vous donner la Vie; J'ai aussi multiplié les poissons, symbole de Mon Nom, symbole de Celui-Qui-Vous-Nourrit, signe symbolique de Mon Nom: ΙΧΘΥΣ qui signifie «Jésus Christ Fils de Dieu et Sauveur».

Aussi, aujourd'hui, Je vous dis le plus solennellement que les messages que Mon Esprit est en train de déverser sur chaque nation, ne sont pas de simples mots, ils sont Esprit et ils sont Vie. N'avez-vous pas lu ce que dit l'Ecriture: «Il leur donna à manger le pain du Ciel...» *(Ex 16,4)*? Ces signes ne sont-ils pas suffisants pour vous convaincre? Aujourd'hui, Je nourris votre désert intérieur avec un Pain Céleste, encore une autre nourriture miraculeuse, une Nourriture Miraculeuse qui ne se corrompt pas mais qui ranime votre esprit, car comme la terre fait pousser des choses fraîches, comme un jardin fait germer les semences, ainsi Ma Glorieuse Nourriture réactive en vous la Vie, l'ardeur et la dévotion. Comme une étincelle

77. Jésus entend maintenant par là: le Saint Esprit.

qui peut donner du feu, ainsi Mon Saint Esprit descend sur vous pour ranimer cette flamme vacillante qui est en vous en un brûlant Feu d'Amour.

L'Ecriture dit: «La personne dépourvue de spiritualité est celle qui n'accepte rien de l'Esprit de Dieu: elle considère cela comme une sottise; cela dépasse son entendement parce que cela ne peut être compris qu'au moyen de l'esprit» *(1 Co 2,14)*.

Les Cieux Nouveaux et la Terre Nouvelle sont maintenant juste à vos portes. Cependant, beaucoup d'entre vous n'ont pas compris et considèrent tout cela comme une sottise.

Ces gens dépourvus de spiritualité préfèrent prendre tous Mes Signes d'une manière superficielle et méprisent Mes Messages Célestes. Mais les Ecritures sont en train de s'accomplir, car en effet, elles avaient annoncé que durant les derniers jours, il y aura des gens qui se moqueront de Ma Promesse *(2 P 3,3)*. Puisque Je savais que les hommes ont une capacité infinie pour pécher et qu'à la fin des Temps, l'Ennemi trônera dans Mon Sanctuaire, J'ai, pour cette raison, gardé pour Moi un reste pour être les bâtisseurs de Mon Nouveau Sanctuaire, les Prémices de Mon Esprit.

Comme J'avais jadis gardé pour Moi sept mille hommes qui n'avaient pas fléchi le genou devant Baal aux jours d'Elie *(Rm 11,4-5)*, de même aujourd'hui, J'ai par Ma Grâce gardé pour Moi ce reste, cent quarante-quatre mille personnes[78], toutes portant écrits sur leurs fronts Mon Nom et le Nom de Mon Père *(Ap 14,1)*; ce sont ceux qui n'ont jamais laissé un mensonge passer leurs lèvres *(Ap 14,5)*. Ils sont Mes prémices des Cieux Nouveaux et de la Terre Nouvelle; ils seront les arbres de vie[79] qui porteront douze[80] récoltes de fruits par an,

78. Nombre symbolique: un peuple parfait, venant du monde entier.
79. «Arbres de vie»: les «re-nés», les prémices.

une chaque mois, et dont les feuilles sont le remède pour les païens *(Ap 22,2)*. Pour rafraîchir vos mémoires, Je vous expliquerai une fois de plus ce que dit le livre du prophète Ezéchiel:
«Le long de la rivière, sur chaque rive, pousseront toutes sortes d'arbres fruitiers» *(Ez 47,12)*; cela signifie oints de l'Esprit, des prêtres aux laïcs.
«Avec des feuilles qui jamais ne se flétrissent et des fruits qui ne feront jamais défaut; ils fructifieront chaque mois, parce que cette eau[81] vient du Sanctuaire[82]»; puisque cette eau viendra et jaillira du Trône de Dieu et de l'Agneau *(Ap 22,1-2)*, et ruissellera, limpide comme le cristal au milieu des rues de la Cité.
«Et leurs fruits seront bons à manger et les feuilles médicinales» *(Ez 47,12)*; vous serez comme un arbre, renouvelés par Mon Saint Esprit qui jamais ne vous fait défaut, et vos feuilles seront médicinales, oui, votre témoignage guérira les malades, convertissant nation après nation, mais pas par vous-mêmes; ce ne sera pas vous qui parlerez, mais Mon Saint Esprit qui vit en vous. Et comme des bâtisseurs, Je vous enverrai des confins du monde avec un roseau dans votre main comme étalon de mesure *(Ap 11,1)* pour reconstruire Mon Sanctuaire et les autels qui gisent en ruines et sont devenus les repères des démons *(Ap 18,2)*.
Priez, Mes bien-aimés, pour que chacun ait le temps de se convertir. Priez pour que la Grâce descende sur eux afin qu'ils reconnaissent et admettent la Vérité. Priez pour ceux qui se sont tournés vers des mythes plutôt que vers la Vérité. Priez pour la conversion du monde. Priez pour que J'habite en

---

80. Nombre symbolique: la Nouvelle Eglise; le Peuple de Dieu, rempli par le Saint Esprit.
81. L'eau du Cœur de Jésus (Jn 19,34).
82. Le Sacré-Cœur de Jésus.

chaque âme et que J'en fasse Ma Propriété; priez pour que Je puisse irriguer ces âmes «comme une rivière au milieu des rues d'une cité» *(Ap 22,2)*, sacrifiez-vous pour ces conversions, petits enfants.
Restez près de Moi, car un léopard[83] rôde tout près; restez près de Moi en prière constante: une prière infinie.
Permettez-Moi de laisser Mon Soupir d'Amour sur vos fronts, vous bénissant tous. Soyez un sous Mon Saint Nom.

ΙΧΘΥΣ

Ma Vassula, voilà qui en nourrira beaucoup. Je t'aime, Mon enfant. L'Amour te bénit. Bénis-Moi.
— Seigneur, je Te bénis: Maranatha!

31 janvier 1991

(Message de notre Sainte Mère pour la réunion de prière du 23 février 1991 en l'église Marie-Reine, Martigny, Suisse:)

— Loué soit le Seigneur et paix à vous tous.
Dieu est en train de vous appeler à Lui. Méditez cela. Dieu vous a appelés depuis que vous êtes nés. Nés pour Lui, nés pour L'aimer, nés pour Lui plaire, nés pour retourner à Lui. Répondez à Son Appel. J'ai essayé à travers Mes messages ici et en d'autres endroits du monde, de vous ramener avec amour, à la Vraie Vie en Dieu, pour votre salut.
Petits, oui, Je vous appelle petits, parce que c'est à vous que le Seigneur a révélé Sa Face et non aux instruits ni aux habiles. Réalisez aussi que les vérités, l'imminence et la grâce de ces messages de votre ère pour votre salut, ce ne sont ni la chair ni le sang qui vous les ont révélées et qui vous ont

83. Os 13,7; Dn 7,4-6; Ap 13,2: le léopard figure Satan.

permis d'y croire, mais le Père Lui-Même, par Sa Grâce sur vous. Aussi, si votre prochain n'a pas encore été marqué du sceau du Saint Esprit de Grâce, priez pour que lui aussi reçoive cette Grâce pour sa conversion et pour qu'il entre dans le Royaume de Dieu.

Dieu appelle chacun à Lui. Essayez de comprendre l'Appel de Paix de Dieu. Je vous exhorte à prier pour la Paix. Soyez zélés pour la Paix. Enfants bénis, laissez-Moi vous dire une fois de plus que J'ai besoin de vos prières de Paix, car Je les prends toutes et Je les offre comme un bouquet de fleurs printanières au Tout-Puissant. Vos prières ne sont pas en vain; elles sont une vraie gloire pour Dieu; elles sont une preuve de votre amour. Satan est très puissant et sa fureur implacable poursuit tous les prémices du Seigneur, ceux qui portent témoignage pour Jésus *(Ap 12,17)*. Jésus, dans Ses précédents messages vous a fait comprendre combien Satan essaie d'éteindre la petite flamme qui subsiste en ce monde et essaie de vous laisser sans lumière, sans bonheur. Sans pitié, il blasphème tous les Pouvoirs de Dieu. Sans vos ferventes prières pour la Paix, la terre sentira assurément se déverser les vomissures de Satan visant à souffler le peu de lumière qui reste en vous. Je suis mélancolique au-delà de toute description. J'ai prié pour vous tous et Je le ferai toujours.

Enfants, s'il vous plaît, méditez Nos messages. Vivez Nos messages à la lettre. Moi votre Mère Bénie, Je vous bénis.

4 février 1991

— Ma fille, aie Ma Paix.

— Prends pitié de moi, Seigneur: je Te cherche et il me semble ne pas Te trouver; je T'appelle et il me semble ne pas entendre Ta Voix. Je ne sais pas où je marche. Mes persécuteurs me pourchassent. Si Ta Force ne me soutient pas, je serai sûrement écrasée. Oh! les ailes d'une colombe pour voler jusqu'à Toi! Dieu, comme je T'aime!

— Paix, Ma fille! Viens, Je veux que tu cherches des choses plus élevées. Je t'aide constamment à atteindre un niveau de prière plus élevé. Moi, Je reste toujours près de toi. Sois forte. Je t'aime à la passion et Mon Amour demeurera. Très chère âme, sois patiente. Je dévoilerai tout en son temps, oui, toute chose a son heure. Mon Esprit est descendu reposer sur toi, aussi, que rien ne te trouble.

Le prince[84] de ce monde possède un grand pouvoir, et ce pouvoir lui a été donné pour que s'accomplissent les Ecritures. Je t'ai dit cela afin que tu comprennes... Ne doute jamais de Ma Présence. Je suis avec toi pour guider tes pieds dans le chemin de la perfection, mais, Ma Vassula, nul n'atteint la perfection à moins qu'il ne passe par Ma Croix. Apprends que l'abnégation te conduira sur le chemin de la perfection. Je serai glorifié et toi purifiée[85]. Je sais avec quelle répugnance[86] et quelle difficulté ton esprit accepte cette voie spéciale que Je t'ai donnée, mais c'est une raison de plus pour laquelle Je t'ai choisie. J'ai désiré avoir dans Mes Mains un instrument simple et faible, un néant, pour confondre les sages et les instruits. J'ai voulu quelqu'un sans aucune Connaissance.

C'est Moi qui t'ai choisie et non toi, Moi.

Je suis le Saint des Saints qui est venu installer Ma Tente en toi. Je suis venu soudainement sur toi comme une douce brise, et comme le vent, nul ne sait d'où elle vient. Maintenant, appuie-toi sur Moi. Je guiderai ton pas. Jamais, jamais

---

84. Satan.
85. Cf. la devise donnée par l'ange Daniel le 9 janvier 1991, et qui concerne aussi chaque âme (ndt).
86. Par peur d'être dans l'erreur.

Je ne t'abandonnerai. Tu vis sous Ma Lumière. Ame, tu as hérité Mon Amour. Aussi: ESPERE, Ma fille; dis-Moi que ton espérance est en Moi.

— Mon Seigneur Yahvé, mon espérance est en Toi.

— CROIS, Ma fille: dis-Moi que tu as placé ta foi en Moi, dans toute sa plénitude, et Je te dirai que ton âme sera récompensée. Aie la foi et exalte-Moi en Me l'offrant.

— Mon Seigneur Yahvé, je crois et j'ai foi en Toi et en Ta Promesse; j'ai confiance en Toi.

— AIME, Ma fille, dis-Moi que tu M'aimes de tout ton cœur, de toute ton âme et de tout ton esprit. Montre-Moi que ton amour est pur, bien-aimée, montre-Moi que tu aimes ton prochain comme toi-même.

— Enseigne-moi, mon Seigneur Yahvé comment T'aimer et aimer mon prochain comme moi-même.

— Je Suis[87]**. Mon élève?**

— Oui, Seigneur.

— Aie foi en Moi, aime-Moi et atteins la perfection. Tu n'es pas seule, même dans ton sommeil[88]**, à côté de toi, Je Suis. Apprends que le Ciel se réjouit car par tes souffrances**[89]**, tu as sauvé une âme. Avec l'amour que tu as pour Moi, J'ai réchauffé un cœur. N'aie pas peur, Vassula, Ma fille; aie Ma Paix et honore-Moi en Me restant fidèle. Méprise tout ce qui n'est pas saint; aie soif de tout ce qui est Moi. J'ai cultivé ta terre pour qu'elle produise une moisson, et par ta persévérance (ne la considère pas comme venant de toi-même), c'est Moi qui ai œuvré et peiné en toi. C'est Moi qui ai élevé ton âme à Moi. Je te le dis: Ma Miséricorde est grande!**

87. Sous-entendu: «Je suis en train de le faire».
88. Mon sommeil spirituel.
89. Mes douleurs physiques dans le dos et mes souffrances morales.

Oh! si seulement tu savais et tu réalisais pleinement ce que Je t'ai offert... Je suis comme une mère pour toi. Je suis Protecteur. Comme une mère hypersensible qui prend soin de son enfant, Je Suis. En ces années passées, Je t'ai révélé Ma Face, n'est-ce-pas?

— Oui, mon Seigneur.

— **Moi la Lumière, Je suis venu en toi et t'ai donné la Lumière dans ton obscurité. Es-tu heureuse d'avoir été toutes ces années avec Moi?**

— Oui, mon Seigneur, aussi heureuse qu'au Paradis.

— **Attends et tu verras comme tu seras heureuse au Paradis. J'ai prié le Père pour toi pour qu'Il ferme les yeux sur ta stupéfiante faiblesse, Ma Vassula, et qu'Il maintienne ta force en te donnant Sa Force. Je t'ai garanti qu'à la fin, tu Me glorifieras. Prie, Mon enfant, que la paix puisse venir en ce monde. Aime-Moi. Sois bénie.**

5 février 1991

— De nouveau, où es-Tu mon Seigneur? Pourquoi Te caches-Tu? Ou est-ce moi qui suis à nouveau dans l'obscurité et ne puis pas Te voir? Retiens-Tu Tes faveurs? Cependant, je sais que Tu ne peux pas être bien loin. «Si mes pieds se sont égarés hors du droit chemin, ou si mes yeux ont dérouté mon cœur, ou si mes mains sont souillées de quelque tache» *(Jb 31,7)*, pardonne-Moi, Seigneur.

— **Mon enfant, sois bénie! La paix soit avec toi. Ajuste-toi à Moi, Vassula, et arrête d'écouter le Tentateur. Je te dis: approche de Moi, approche de Moi, Mon enfant, Je suis Celui qui te procure la vraie Connaissance. O Vassula! une Lumière a brillé en toi, alors comment peux-tu douter? C'est Moi le Seigneur qui t'ai sauvée. J'ai dit par Mes prophètes que Je**

donnerai Mon Esprit même aux moindres et aux plus misérables d'entre vous, mais, Mon enfant, ce n'est que le commencement de Ma Promesse. Je Suis le Tout-Fidèle; ô Mon enfant, réjouis-toi! réjouis-toi! parce que bientôt J'accorderai Mon Esprit à toute l'humanité. Je ferai jaillir des eaux cristallines de chaque créature vivante. Vassula, Je t'ai caché Ma Face juste quelques jours afin que tu Me cherches. Abandonnée tu ne l'es pas.

— J'étais horrifiée, Seigneur!

— Oh! non. Ne sois pas effarée, sinon comment raviverai-Je en toi un esprit de souci[90], de souci pour que tu lèves finalement la tête et recherches le Ciel, Me cherchant, Moi le Saint des Saints? Tu es d'en bas et Moi, Je Suis d'en haut. Tu vis en un lieu où ton esprit ne parvient pas à te satisfaire, parce que tu es entourée de tout ce qui n'est pas Moi, et Je Me trouve où ton esprit, ton âme, devraient languir d'être et aspirer à se trouver. Bénie de Mon Ame, jusqu'à ce que tu apprennes à constamment Me rechercher et Me désirer, Je continuerai à te mettre à l'épreuve de temps à autre. C'est Mon plaisir de t'inonder de Mon Esprit aujourd'hui et non hier, demain et peut-être pas le jour suivant. Tu vois?

— Oui, Seigneur, je crois que finalement je comprends maintenant.

— Baignée dans Ma Lumière, recherche les choses Célestes en gardant Mes Principes. Sans Moi, tu es seule et tu ne peux pas faire quoi que ce soit, tu ne peux même pas maîtriser tes pensées, aussi Je te dis: n'accorde aucun sommeil à tes yeux. Je n'entends pas te décourager, Vassula, mais de Mes Lèvres viennent Enseignement et Sagesse. J'entends te faire marcher à Mon Côté et dans la voie de la vertu. J'entends enrichir ton esprit afin que J'expose Ma Connaissance à travers toi pour

90. En anglais: «a spirit of concern» (ndt).

que tu puisses Me glorifier. Alors, élève les yeux vers le Ciel et regarde-Moi, Ma fille, et lorsque tu verras à nouveau Ma Sainte Face, tu croîtras, une fois de plus, rayonnante, et à nouveau ton cœur palpitera de délice; tu vois? Ton cœur sera revêtu majestueusement et en sainteté, le jour où tes yeux rencontreront Ma Magnificence. Appuie-toi sur Moi. Je t'ai seulement examinée, Mon enfant. Je te bénis; bénis-Moi. Aime-Moi.

ΙΧΘΥΣ

6 février 1991

— Mon Seigneur, garde-moi de toutes ces attaques malveillantes; défends-moi, sinon, qui d'autre le fera? Satan pousse des gens à comploter contre Tes messages et contre moi. Permettras-Tu aux choses d'échapper à tout contrôle, mon Dieu? Avec Ton aide, nous construisons, et ils détruisent. Comment vais-je continuer? Je ne suis personne, et si Tu ne Te tiens pas à mon côté, je puis être «massacrée» intérieurement.

— Fleur, aie Ma Paix. Ne sois pas affligée; à côté de toi, Je Suis. Et Je sais, oh! combien Je sais tout ce qui se passe dans les cœurs des hommes… Néanmoins, réalise qu'en dépit de tout, Moi le Seigneur J'augmenterai. Oui, J'entends par là que Je ferai entendre de plus en plus Ma Voix à travers ces messages. Et plus les hommes te maltraiteront et essaieront d'effacer Ma Voix, plus Je serai entendu. Ma fille, nul ne M'empêchera d'avancer. Moi le Seigneur Jésus, Je t'aiderai, Ma Vassula. Que cela soit TOUJOURS dans ton esprit.

(Je me suis mise à pleurer.)

— Ne pleure pas… Bien-aimée, ne pleure pas… Viens. Aie confiance en Moi.

7 février 1991

(Message pour le monde, proclamé et publié à la réunion de prière du 23 mars 1991 en l'église Marie-Reine, Martigny, Suisse:)

— La Paix soit avec vous.

Je Suis Jésus. Je suis l'Espérance que le monde cherche. Cette Espérance qu'ils cherchent est à leur portée. Ils n'ont qu'à étendre leurs mains vers le Ciel à la recherche des choses Célestes, ils n'ont qu'à Me rechercher et Je leur répondrai. Je ne cache pas Ma Face, ni ne détourne d'eux Mes Yeux. Mes Yeux vous observent tous et examinent tous vos pas. Mon Esprit remplit effectivement le monde entier pour éclairer ces ténèbres et donner l'Espérance à ceux qui avancent à tâtons dans cette nuit sans fin.

Bien-aimés, le Ciel étant votre patrie et la terre votre lieu de pèlerinage, vous avez les meilleures raisons de vous réjouir et d'espérer. O création, déferais-Je ton linceul de mort sans t'amener à la vie? ou Moi qui amène à la vie, te renverrais-Je à la mort? Je suis la Miséricorde, Je suis l'Amour. Lève les yeux vers le Ciel pour voir les Signes des Temps. Je viens rassembler nation après nation et montrer Ma Sainte Face à chacun de vous et vous rappeler Mon Amour.

Mais voyez: le début des douleurs a commencé; le début de vos souffrances d'enfantement aussi. Vous êtes témoins, puisque vous êtes devenus croyants, que ce que vous lisez dans les Ecritures est en train de devenir réalité: l'effusion de Mon Esprit, en ces derniers jours d'obscurité est en train d'être déversée à profusion sur l'humanité.

Vous êtes témoins de choses qui étaient auparavant des énigmes et dont il était parlé en paraboles. Vous êtes témoins de la cruauté de Satan, mais Je vous promets, petits enfants, que

très vite après vos douleurs (qui vont s'aggraver) viendra la Joie, et après vos douleurs d'enfantement, l'Amour naîtra parmi vous!

Mais aujourd'hui, d'En Haut Je regarde avec consternation les crimes de cette génération qui ont maintenant surpassé les péchés de Sodome et Gomorrhe, parce que vos espoirs sont bâtis sur un faux Christ.

Cette génération est vile, rebelle et souillée de sang, et elle vit à l'ombre de Satan.

O ère! ta soi-disant fine sagesse M'a muré dehors parce que tes cœurs pompeux et remplis d'arrogance se considèrent l'égal de Moi ton Dieu. «Vas-tu continuer à dire: "Je suis dieu", alors que tes meurtriers t'affrontent?» *(Ez 28,9)*

Déjà le sang inonde tes rues. Dans ta méchanceté, tu as fondé tes espoirs dans tout ce qui n'est pas Moi. Tu as mis tes espoirs sur les hommes et non sur Moi, sur des richesses qui ne te sauvent pas, méprisant le Trésor que Je t'offre au Ciel.

C'est basé sur un Mensonge que tu échafaudes tes espoirs concernant l'humanité parce que tu crois que tu peux tout accomplir par ta propre force humaine. Bien sûr, tu[91] as amassé une grande richesse dans ton actif commerce, mais demain, tu mourras.

Peu nombreux sont ceux qui demandent: «Pourquoi se fait-il que le Seigneur et Sa Mère descendent soudainement sur nous?» et seulement un reste de Mes âmes sacerdotales prêtent attention à Nos manifestations régulières. J'ai dit que «Je M'apprête à envoyer Mon Messager pour préparer un chemin pour Moi» *(Ml 3,1)*, et c'est exactement ce que fait Ma Mère qui est aussi votre Mère.

---

91. Dieu adresse ce passage à l'esprit maçonnique.

Les Ecritures sont en train de s'accomplir et Je vous dis solennellement que Celui après lequel soupiraient Mes Abels et Mes Jacobs, viendra soudainement, faisant irruption dans Son Temple *(Ml 3,1)* pour en extirper les Caïns et les Esaüs qui ont ravagé et ruiné Mon Eglise.
Vous avez industrialisé Ma Maison, cette Maison qui aurait dû être une Maison de prière! Vous avez effectivement transformé Ma Maison en un repaire de voleurs!
Si Je suis, comme vous[92] le dites, «le Saint des Saints», où est alors l'honneur que vous Me devez? Si effectivement Je suis votre Maître, où est le respect que vous Me devez? Si Je suis votre Dieu, où sont l'encens et l'adoration à Mon égard? Où est la dévotion qui M'est due?
Comment se fait-il que vous ne puissiez pas discerner les Signes des Temps? Comment se fait-il que vous ne puissiez pas comprendre les choses du Ciel? Comment se fait-il que vous ne croyiez plus à Mes Merveilles? Pourquoi persécutez-vous Mes Abels et Mes Jacobs? Sinon ouvertement, en secret? J'apparais, ainsi que votre Sainte Mère, et Nous Nous manifestons à travers des âmes, en de nombreuses nations, mais Nos manifestations vous ennuient et vous mettent même en colère. «Comme tout cela est agaçant» *(Ml 1,13)*, dites-vous, car à ce jour, vous n'avez pas compris les choses du Ciel comme Mes Abels et Mes Jacobs, non, vous n'avez compris ni Mon Amour, ni la dévotion que vous devez à Ma Mère. Vous appelez à la foi, vous comptez sur votre force, votre autorité et votre raisonnement. Ma Voix appelant aujourd'hui les pécheurs au repentir dérange vos oreilles. Lorsque la Droiture brille soudainement avec la guérison dans Ses rayons, vous refusez Mon Don qui est offert aujourd'hui en votre ère obscure.

---

92. Jésus S'adresse aux Caïns et aux Esaüs.

Dois-Je accepter encore plus longtemps vos persécutions? Dois-Je sacrifier, année après année, Mes Abels et Mes Jacobs, qui sont l'encens de Mes autels et les robustes piliers de Mon Eglise?

Vous avez fermé vos oreilles à Ma Voix pour n'écouter que les vôtres. Vous avez privé une multitude de manger les fruits de Mes Nouveaux Vignobles parce que Satan s'est introduit en vous et a piégé votre esprit; et regardez, ce sont d'autres qui sont en train d'expier vos crimes[93]. D'autres expient votre vanité et votre folie pour vous sauver.

Chaque jour, ces âmes généreuses vous offrent leurs joues pour être frappées, pour être humiliées et affligées, par amour pour vous; ces âmes généreuses expient avec leur propre sang, pour vous sauver. J'attends de vous entendre, mais vous ne dites pas ce que vous devriez. Vous ne vous repentez pas, mais vous vous égarez en poursuivant votre course en entraînant des millions d'âmes derrière vous. Vous briguez les sièges et l'autorité mais ce n'est pas pour conquérir et sauver les âmes; mais vous tomberez... et cette apostasie continuelle cessera... et c'est en vous, Mes Abels et Mes Jacobs que Je rebâtirai Mes autels qui furent jadis, mais qui maintenant gisent en ruines. Je ferai jaillir de vous des rivières cristallines, et votre témoignage sera fructueux parce que ces eaux viendront de Ma Source[94]. Et comme des arbres de vie poussant au bord de cette Sainte Rivière, Mes enfants prospéreront par votre témoignage. Enfants, courage, Je ne vous ai pas abandonnés, ni ne vous ai oubliés. Quiconque vit en Moi ressentira Mon Amour; quiconque se nourrit de Moi ne mourra pas; celui qui reste en Moi vivra.

---

93. Ici, la Voix de Jésus s'est faite tendre et triste.
94. Le Sacré-Cœur de Jésus.

Moi, l'Epoux, Je descends vous épouser dans Ma Paix et Mon Amour, et Je vous rappelle que depuis le Commencement vous étiez Miens.
Moi le Seigneur Je vous bénis, laissant le Soupir de Mon Amour sur vos fronts. Soyez un sous Mon Saint Nom.

ΙΧΘΥΣ

CAHIER 50

14 février 1991

— La paix soit avec toi. Fleur, aime-Moi. La sainteté ne vient pas en un jour. Abandonne-toi entièrement à Moi, adore-Moi et aime-Moi, et Je ferai le reste. Ne dors pas.

Ame, tes péchés sont nombreux, et nombreuses sont les plaies que tu Me donnes. Chaque fois que tu pèches, cela M'atteint comme un coup, comme la lanière d'un fouet ou l'entaille d'un clou dans Mon Corps.

Pourquoi, Vassula? Pourquoi? Moi qui t'ai révélé Ma Sainte Face, t'ai-Je révélé Ma Face pour être frappé? et t'ai-Je montré la Plaie de Mon Cœur pour que tu Le perces encore plus? Sur terre, on ne peut trouver plus misérable que toi! Oh! quelle misérable!

Ne t'en va pas, maintenant; assieds-toi et écoute ce que J'ai à te dire. N'eut été Mon Infinie Miséricorde, la Justice du Père t'aurait frappée et tu te serais fanée instantanément. T'ai-Je enseigné à pécher? Où sont les offrandes que tu Me dois? Où sont les sacrifices que tu M'as promis, âme? Pourquoi M'as-tu négligé? Le Carême est là[95]. Le Carême te ramènera Ma Passion; cependant, tu n'es ni prête, ni préparée. Je t'ai comblée de Nourriture Céleste pour que tu croisses dans Ma Lumière et deviennes un vaisseau de lumière; Je t'ai faite

95. Depuis hier, mercredi des cendres.

Mienne, et avec un Amour infini, Je t'ai tirée de la fosse pour que tu deviennes Mon épouse en Ma Présence et en présence de Mes anges, pour toujours; et pourtant, tes paupières lourdes de sommeil ont pris le dessus. O Ma Vassula! Si seulement tu savais combien Moi le Seigneur Je t'aime! J'ai soif d'amour. Je sais, chère enfant, que les temps dans lesquels tu vis sont mauvais, mais ne t'ai-Je pas fait discerner le bien du mal? et maintenant, le sol de Mon Territoire redevient rude. Dis-Moi, était-ce par tes propres efforts que tu as vu la Lumière? Non, J'ai peiné[96] en toi. Pour te maintenir dans Ma Lumière, J'ai déversé sur toi grâce sur grâce. Je ne t'ai pas traitée comme le méritaient tes péchés; Je t'ai traitée comme jamais auparavant Je n'avais encore traité une âme. J'ai rendu l'Amour pour l'apathie; la Tendresse pour l'impiété; la Miséricorde pour la misère; oui, J'ai montré Ma Sainte Face au péché. Je t'ai traitée comme Je traite les joyaux[97] de Mon Cœur. J'ai prié le Père pour toi, Vassula, afin qu'Il Se souvienne de Mon Sacrifice et qu'ainsi Il t'épargne.

— O mon Dieu, je ne voulais pas Te blesser ni Te fâcher!

— Fleur, Je suis constant dans Mon affection, Moi, et Mon Amour pour toi est infini. Apprends de Moi. Sois constante. Viens, en Ma Présence, Je te veux parfaite! Je veux que ton âme soit comme un jardin irrigué, rempli de Ma Rosée et exhalant un parfum délicat, afin que Mon Ame Se délecte en toi. Vassula, es-tu désireuse de faire Ma Volonté?

— Je désire faire Ta Volonté, mais il me semble que je ne fais que le contraire, Seigneur…

— Je t'aiderai à continuer Mon Œuvre. Laisse tout entre Mes Mains. O Mon enfant, sujette au péché, tu es, mais viens à Moi, débarrasse tes yeux de ces écailles et regarde Qui

96. Jésus entend par là qu'il a travaillé en moi.
97. Les âmes parfaites.

est debout devant toi... Je Suis est Face à face avec toi! te parlant et t'offrant dans Sa Main, Son Cœur. Veux-tu ce Cœur de ton Dieu? prends-Le, Je te L'offre, âme. Tends les mains pour recevoir Mon Cœur.

— Je ne suis pas digne de Ton Amour, Seigneur...

— Je sais, mais nul n'est digne de Mon Amour, et c'est ainsi que Je viens à vous tous aujourd'hui; Je viens à vous tous avec Mon Cœur dans Ma Main. Ne Le refusez pas en disant: «J'ai péché.» Je vous dis: Ma Grande Miséricorde vous a pardonné, aussi, venez, venez prendre ce Cœur qui vous aime. N'avez-vous pas entendu que grande est Ma patience? Grande est Ma Compassion. Venez, ne Me renvoyez pas jour après jour. Dorénavant, Ma fille, Je te veux fidèle dans tes convictions et sincère envers Moi. Concentre-toi sur Ma Sainte Présence. Je ne suis jamais absent. C'est toi qui obscurcis la lumière dans tes yeux par l'accumulation de tes péchés et les impuretés que ton âme absorbe quotidiennement au point que tu deviens aveugle. La lumière de ton corps, c'est ton œil. Quand ton œil est sain, ton corps tout entier est aussi rempli de lumière, mais lorsqu'il est malade, ton corps aussi sera toute obscurité *(Lc 11,34)*, et dans ton obscurité, avec la lumière de tes yeux obscurcis, tu ne peux pas Me voir; mais Moi, Je ne suis jamais absent.

Aujourd'hui, Vassula, Je t'ai parlé nettement, par Amour. Puisque tu es plus apte à la rébellion et au péché qu'à ce qui est saint, Je Me permettrai de te parler nettement dans Mon Amour jaloux. N'imagine pas que Mon Amour jaloux peut être facilement écarté. Oh! non, lorsque J'ouvre Ma Bouche, c'est pour ton salut que Je parle et non pour ta condamnation. Permets-Moi de te réprimander de temps à autre, par Mon Amour.

ΙΧΘΥΣ

24 février 1991

(Avant ma mission en Angleterre, en Ecosse et en Irlande:)

— Ma Vassula, prends ce passage comme introduction pour chacun de ces pays.

(Jésus m'a désigné Jn 10,14-16.)

— Dis-leur que c'est Moi, le Seigneur, qui t'envoie à eux. Les brebis qui M'appartiennent écouteront Ma Voix. Je viens à elles pour en mener beaucoup sur ce qui était un Sentier inconnu d'elles, ramenant à la Vérité. Je viens avec un ardent Feu d'Amour pour vous reconduire, bien-aimés, à la Maison. Mon Sacré-Cœur est votre Lieu de repos. Pour toi création... oh! que ne ferai-Je pas! Je suis votre Très-Saint, mais votre ère M'a recrucifié. Je suis Celui qui vous aime le plus, et cependant Je suis Celui qui reçoit d'impitoyables coups de fouet dus à l'apathie de cette ère. Je suis la Lumière du Monde, qui vient en cette ère obscure vous donner la Lumière de la Vie. Ayez Ma Paix, Mes petits enfants, Je vous offre Ma Paix, Je vous offre le don de Mon Amour. Venez à Moi tels que vous êtes; n'attendez pas d'être saints pour venir à Moi. Venez à Moi tels que vous êtes, n'ayez pas peur de Moi. Je suis le plus Tendre Père. Je puis être votre Saint Compagnon. Moi et vous, vous et Moi, et Je vous révélerai Ma Sainte Face. Je vous révélerai la Sainte Face de votre Dieu. Vos yeux verront l'Amour face à face, et lorsque cela arrivera, les démons, furieux, s'enfuiront, et alors, vous comprendrez, bien-aimés, que depuis le commencement, vous étiez Miens et que J'étais à vous de toute éternité. Soyez un avec Moi. L'Amour est à votre porte. Moi, Jésus-Christ, Je vous bénis.

ΙΧΘΥΣ

25 février 1991

— L'Amour cherche un retour d'Amour.

(Tout à coup, j'ai pensé aux fautes d'orthographe et de grammaire que je fais par-ci par-là dans ces textes, et me suis rappelée ce que Jésus avait dit à ce propos à une autre mystique, décédée depuis, et qui avait le même problème.)

— Oui, tu M'obliges pour t'atteindre à M'abaisser à ton niveau de grammaire, ainsi qu'à ta connaissance limitée des mots. Oh! oui, en fait d'instrument, tu es le plus imparfait...

(Jésus souriait)

... mais Je peux t'utiliser, même dans ton imperfection, petite. Ton Jésus t'a bénie maintes et maintes fois, et un jour, Vassula, un jour, Je t'apparaîtrai dans Ma Lumière, et Je t'absorberai à l'intérieur de Ma Lumière... mais pour le moment, Moi et toi, nous allons continuer ainsi.
— Loué soit le Seigneur!

(Alors que cela m'avait pris un temps appréciable pour écrire ces quatre mots de louange, Satan, essayant de me faire croire que c'était Jésus qui parlait, a soupiré: «... enfin!» Immédiatement, la Voix de Jésus a résonné pour lui commander: «Silence!»)

26 février 1991

(Aujourd'hui, je me suis demandée s'il pouvait m'arriver de recevoir un message de St Pierre ou de St Paul. Je voulais pénétrer certains mystères et je demandai Son avis au Seigneur.)

— Seigneur?
— Je Suis. Ecoute, fleur, aujourd'hui, Mon souci est: votre rédemption. Pourquoi sonder Mes mystères que Je ne désire

pas te donner? Mon souci, à votre sujet, c'est votre sainteté. Ce que Je recherche de votre part, c'est votre repentir. Ma fille, comprends quels sont Mes Intérêts, comprends quel est Mon souci. Même lorsque Lazare s'en est allé durant quatre jours dans Mes mystères, et a vu et compris ces mystères, Je lui ai demandé à son retour de conserver le silence et de garder ces secrets pour lui. Je ne voulais pas qu'il divulgue Mes Richesses à des âmes qui n'en auraient pas saisi la signification. La Richesse consiste à se convertir; la richesse consiste à admettre que vous êtes pécheurs et à venir à Moi humblement, repentants, et à mener une vie sainte en suivant Mes Préceptes. La richesse ne consiste pas à essayer de déchiffrer Mes mystères, et si vous essayiez, cela vous conduirait seulement dans des chemins tortueux ne menant nulle part.
Aussi, viens à Moi comme un enfant et permets à Ma Main de te cultiver et de t'enrichir de ce genre de Connaissance. Que ta richesse, ce soit Moi. Que ta Connaissance te vienne à travers Ma Parole. Que tes intérêts soient Mes Intérêts:

ta perfection.

Je t'aime; viens. Dans la prière, ne sois pas impatiente. L'Amour est près de toi.
— Nous, Seigneur?
— Oui! Ma fleur.

28 février 1991

— Seigneur, d'âge en âge,
Tu as été notre Refuge *(Ps 90,1)*.

Seigneur?
— Je Suis. Appuie-toi sur Moi, bien-aimée. Repose-toi en Moi. Absorbe-Moi. Je Suis Tout ce dont tu as besoin. Viens, nous allons prier le chapelet.

Londres, 1er mars 1991

(A la veille de la première réunion de prière dans les Iles britanniques:)

— O Yahvé, Tu es mon Dieu; béni soit Ton Nom. Tu as agi selon Ton Plan en m'amenant ici, dans ce pays, pour témoigner et Te rendre Gloire. N'ouvre ma bouche dans Ton Assemblée que pour Te glorifier.
— C'est ce que Je ferai. Moi le Seigneur Je te bénis. Ecoute-Moi: prophétise auprès d'eux. Compte sur Ma Force massive. Chaque réalisation vient de Moi et non de toi. Je dispose du feu et de l'eau devant chaque âme et Je la fais choisir. Je ne violerai jamais la liberté de l'homme, jamais... Je permets à l'homme de choisir et Je veux qu'il sache à quel point Je Me réjouis lorsqu'il choisit ce qui est juste. Néanmoins, Je poursuivrai toujours le pécheur pour qu'il renonce à pécher. J'irai toujours dans toutes les directions pour le conquérir. Et chaque fois qu'il tombera, Je serai là pour le relever. Je ne le repousserai pas ni ne le blâmerai. Ses ennemis pourraient se réjouir, mais Moi, Je n'aurai que des larmes dans Mes Yeux et Je lui demanderai de se jeter dans Mes Bras, et s'il le fait, Je lui demanderai alors s'il Me permet d'habiter en lui. S'il accepte, Je ferai alors de son âme Ma Possession et dans ce

Territoire, en lui, J'installerai Ma Tente et de là, J'entourerai Ma Propriété de Mon Amour pour être sûr qu'aucun intrus ne s'introduise dans ce que Je viens de M'approprier pour toujours.
Heureux l'homme qui tient maison avec Moi, il gagnera la Connaissance et entrera dans la Vie éternelle.

2 mars 1991

(Juste avant la réunion de prière avec Messe et conférence, en l'église du Saint Esprit, Balham, Londres:)

— Seigneur?
— Je Suis. Sois Ma servante, maintenant, Ma bien-aimée. Je serai avec toi. Victorieux, Je serai. N'aie pas peur, petite messagère; proclame Ma Parole dans Mon Assemblée. Je suis Celui qui dit à Mes âmes: «Venez manger cette Nourriture Céleste», que votre désert intérieur fleurisse. Je ramènerai les exilés dans leur Maison: Mon Sacré-Cœur.

York, 4 mars 1991

(A la All Saints Lower School, où j'étais invitée par le père Ian Petit, O.S.B.:)

— Je Suis. L'Amour est près de toi. L'Amour est Généreux. Souviens-toi de Ma Présence et tu ne chancelleras pas. Ma fille, viens prier le Père avec Moi:

Père,
quoique la nuit couvre encore cette terre,
je sais qu'au-dessus de moi
Yahvé

qui voit Ses enfants dans les ténèbres,
prendra pitié d'eux;
avec Puissance et Gloire
Il descendra dissiper cette nuit menaçante
en un jour lumineux;
Paix et Amour nous combleront
et notre âme sera emplie de Sa Lumière;
Je Suis sera de retour,
Je Suis reviendra,
Je Suis sera avec nous.
Gloire au Très-Haut!
Amen.

(Plus tard, je revins au Seigneur demandant si je devais réellement être envoyée, comme maintenant, à voyager pour témoigner; voyager chaque jour en voiture, en train ou en avion à différents endroits n'est déjà pas facile, mais en plus c'est tout à fait épuisant.)

— Mon Seigneur?

— **Je Suis. Petite, chaque fois que tu M'appelles, Mon Cœur bondit de joie. Si seulement tu comprenais cela, Mon enfant... Tu M'as demandé s'il te fallait aller témoigner comme tu le fais maintenant. Oui, c'est nécessaire; non que J'aie besoin de toi, mais, Ma Vassula, aller témoigner en Mon Nom Me glorifie et en même temps te purifie. Fleur, Je te donnerai la résistance dont tu as besoin, les paroles dont tu as besoin. Traite-Moi maintenant comme le mérite un Roi. Traite-Moi comme ton Très-Saint doit être traité. Je Suis est avec toi. Viens, Mon Enfant-Sauvé-par-Moi, viens. Ton pas doit suivre Mon Pas, ton pied là où J'ai mis Mon Pied, jusqu'à la fin de ta mission. Nous?**

— Oui, liés à jamais.

— Aussi, viens à Moi aussi souvent que tu peux et Je te comblerai chaque fois que tu viens à Moi. Prête-Moi ton oreille, Mon enfant, afin que Je puisse exercer ton oreille à entendre Ma Voix. Satisfais-Moi, Mon enfant, et tu prospéreras en Moi. L'Amour est avec toi et te bénit.

(Plus tard, je revins au Seigneur.)

— Ah! oui! tu es à nouveau avec Moi. Ce soir, J'élaborerai ton discours. Je suis Celui Qui clarifiera beaucoup de choses. Répète après Moi ces paroles:

Jésus, touche mon cœur;
Tu es mon Délice;
parle-moi,
conduis-moi,
et humilie-moi.
Amen.

Délecte-Moi et loue-Moi tout le temps. Je t'aime, et à cause de cela, Je laisserai Ma Croix sur toi. Je Suis Celui Qui L'a portée jusqu'à la fin. Honore-Moi et glorifie-Moi en portant de temps en temps Ma Croix pour Me reposer. Viens.

ΙΧΘΥΣ

8 mars 1991

— Ma fille, sois en paix. Je suis l'Amour. Petite, Je suis avec toi pour t'aider à sanctifier ta vie. Je parle à chaque âme à travers ces Messages et à travers toi. Je t'ai nourrie de Mon Pain, Je t'ai élevée et t'ai faite Mienne. Durant tout ce temps, ai-Je jamais été rude avec toi? T'ai-Je jamais punie? Aussi, ne doute jamais de Mon Amour. Appuie ta tête sur Moi et repose-toi. Repose ton esprit sur Moi. Pense à nul autre que

Moi. Je suis Celui Qui t'aime le plus. Tout ce que Je demande de toi est l'Amour: aime-Moi, adore-Moi, pense à Moi. Permets-Moi d'être toujours présent dans ton cœur et dans ton esprit. Je t'ai réveillée de ton sommeil afin que tu voies Ma Beauté et que tu vives avec Moi. Chaque goutte de Mon Sang t'a faite Mienne. J'ai payé ton âme en versant Mon Précieux Sang pour ton salut. Chaque agonie que J'ai soufferte l'était avec amour, sachant que Mon Sacrifice te sauverait. Tout ce que J'ai fait l'a été pour ton salut. Ma fille, que tout cela soit clair pour toi. Je suis l'Amour et l'Amour continue à sauver. Je ne Me suis pas arrêté juste là (sur Ma Croix); Je continue à appeler à votre salut. Je continue à poursuivre le pécheur. Aussi, soyez préparés, parce que Je vais bientôt venir vous chercher. Moi le Seigneur Je vous aime tous à la folie.

Aime-Moi, loue-Moi et sois sainte. Sens-Moi afin que tu te souviennes de Ma Présence.

Ecosse, 9 mars 1991

(Le père McGinnity et moi nous demandions quelle prière plairait le plus au Seigneur. Nous nous disions que le mieux était le silence dans la contemplation.)

— Seigneur?

— Je Suis. Appuie-toi sur Moi. Je suis ton support et ta force. Oui, en effet, Ma Vassula, c'est le Silence qui est la prière la plus efficace de toutes. Rencontre-Moi dans Mon Silence. Que ton esprit soit attiré vers Moi et soit absorbé en Moi, dans Mon Silence. Permets-Moi de t'envahir, Mon enfant. Permets-Moi d'envelopper ton âme de Mon Amour. Ouvre-toi à Moi et laisse ton Dieu envahir Sa Propriété. Je Suis possède cette Propriété. Laisse Je Suis libre d'augmenter.

Laisse Je Suis multiplier Ses Vertus en toi. N'aie pas peur de Moi, Mon enfant, lorsque Je te diminue. Je Suis est ici à veiller sur Sa Propriété et briller en toi. Permets-Moi, âme, de t'entourer de Ma Tendresse. Tu seras confondue par Ma Beauté. Ame, ne Me refuse pas en considérant ta nudité; viens à Moi en Silence et telle que tu es. Abandonne-toi à Moi en Silence et tu vivras. Sois bénie, âme, sois bénie. Ne laisse rien devenir Mon rival.

— Seigneur, ne laisse rien être ou devenir Ton rival!

— **Alors, jeûne les vendredis; c'est maintenant ton dû envers Moi. Viens.**

(J'avais cessé de jeûner les vendredis à cause de mes programmes et de mes voyages. Je réalise maintenant que je pouvais facilement jeûner, malgré mes voyages, mais j'avais cédé à la facilité par pure paresse et faiblesse...)

Belfast, 11 mars 1991

(Juste avant la réunion de prière avec Messe en la salle paroissiale Ste Brigitte, Belfast:)

— **Ma Vassula, traite-Moi maintenant comme un Roi et glorifie-Moi en Me servant. Les Miens reconnaîtront Ma Voix; Je vais les appeler et ils viendront.**

— Seigneur, ma Force, ma Forteresse, mon Refuge, ma Lumière et ma Vie, me voici, je viens faire Ta Volonté. Seigneur, je Te demande de me donner Ta Force pour glorifier à nouveau Ton Nom. Sois PRESENT parmi nous et ouvre leurs cœurs pour qu'ils reçoivent Ton Saint Esprit.

— **Ma fille, Je serai très PRESENT. Mon Saint Esprit sera PRESENT. La Justice prévaudra en cette contrée. Moi le Seigneur Je vais placer Ma Main sur ce pays et Je vais leur** faire sentir Ma Présence[98]. Ceux qui ont des oreilles, qu'ils entendent. Maintenant, va, Ma bien-aimée; à côté de toi Je Suis.

Dublin, 12 mars 1991

— Mon Seigneur, mon Délice, mon Tout, je T'aime à en mourir. Seigneur?

— Je Suis. Appuie-toi sur Moi, Mon enfant. Je Suis Celui Qui t'aime le plus. Ah! Vassula! Mon enfant, permets-Moi d'utiliser à nouveau ta main pour transmettre Mon Message à Mes enfants, un Message que J'ai gardé[99] pour eux dans Mon Sacré-Cœur:

(Message pour les prêtres et les religieuses du Blackrock College, Dublin:)

— La Paix soit avec vous. Je suis venu à vos portes-mêmes. C'est Moi le Sacré-Cœur qui vous parle. Je viens vous offrir Mon Cœur. Je viens à vous aujourd'hui par cette voie spéciale pour vous rappeler Mes Voies. Je viens à vous parce que vous êtes pauvres et bien que vous n'ayez pas grand-chose, vous avez encore votre vue, car la Grâce de votre Père du Ciel est sur vous. Mais Mon Ame est affligée au-delà de votre entendement de voir d'En Haut des dissensions comme jamais auparavant au Cœur de Mon Sanctuaire[100]. Mon Corps saigne et Mon Cœur est une seule grande Plaie. La houlette de berger que Je leur avais donnée entière, gît maintenant brisée en éclats. Mais J'entends vous visiter bientôt pour reconstituer la houlette de berger que J'avais laissée derrière Moi.

98. En vision intérieure, j'ai vu la Main du Seigneur bénissant toute l'Irlande.
99. Il semblait que Jésus attendait cette heure depuis longtemps.
100. Jésus parle de Son Eglise (cf. Mt 24,15).

Aussi, bien-aimés, vous qui avez reçu cette Grâce, priez pour ceux qui ne savent pas distinguer leur main gauche de leur main droite; priez comme jamais afin qu'eux aussi reçoivent cette Grâce avant le jour de la Purification. Je vous dis que bientôt, très bientôt, l'Amour sera avec vous comme Amour. Priez afin que chacun puisse être prêt et converti, afin que nul ne soit attiré dans les ténèbres et dans l'ombre de la mort pour toute l'éternité. Attentif à Ma Miséricorde, Je viens avertir votre génération, et par Amour, Je viens, par la Puissance de Mon Saint Esprit de Grâce, vous rappeler à vos sens. L'Amour est à la recherche d'un retour d'Amour. C'est Mon Refrain.

18 mars 1991 — De retour en Suisse

— Ma Vassula, voici Mon message:

(Message de notre Sainte Maman pour la réunion de prière du 23 mars 1991 en l'église Marie-Reine, Martigny, Suisse:)

Ayez Ma Paix. Enfants de Mon Cœur, Dieu est au milieu de vous et Son Royaume est proche de vous. Si vous avez des yeux, vous Le verrez. Très chers enfants, écoutez la Voix de Dieu en ces jours de carême. Ecoutez la Voix de Dieu en vous diminuant, pour que Dieu puisse augmenter en vous. Effacez-vous pour que Son Esprit puisse être vu en vous. Mourez à vous-mêmes afin que Dieu puisse vivre en vous. Soyez rien pour qu'Il puisse être Tout. De cette manière, permettez-Lui de prendre pleine possession de vous et faire de vous Sa Propriété. Alors, Je vous dis, enfants de Mon Cœur: tant que vous luttez pour devenir quelque chose, l'Esprit de Sainteté qui veut vivre en vous est étouffé par votre rivalité. Ne laissez pas votre esprit devenir un rival pour Dieu. Diminuez afin que Lui augmente. Permettez à Son Esprit de vous former de cette façon dans la Voie de la Sainteté. Retenez dans votre esprit que l'humilité, la docilité et l'effacement de soi sont les vertus essentielles qui plaisent à Dieu, et avec elles vous devenez pauvres en esprit et, ainsi, irréprochables. Très chers enfants, Jésus fut humble même jusqu'à accepter la mort. Ne soyez jamais celui qui dit: «J'ai tout, je sais tout et je n'ai pas besoin des conseils de quiconque.» Restez pauvres, soyez pauvres afin que dans votre pauvreté, Dieu puisse régner en vous et être Roi. Ne permettez à aucune vanité de vous vaincre. Mes prières sont pour que votre sainteté augmente en Celui Qui vous a créés et que votre amour les uns pour les autres s'accroisse et déborde pour purifier ce monde de sa méchanceté et de son apostasie.

N'arrêtez pas de prier votre chapelet, venez avec joie prier le Rosaire. L'homme riche ne répondra pas, mais l'homme pauvre viendra à Moi avec son chapelet et, dans sa pauvreté, Je l'écouterai pendant qu'il prie cette prière simple, car tout ce qui est pauvre et simple est mortel pour Satan qui est la Vanité-même; c'est une des raisons principales pour laquelle Satan hait le Rosaire. Satan est puissant et aujourd'hui il vous crible tous comme du froment, parce que c'est son heure. C'est le règne des Ténèbres.

Restez fidèles à la Maison de Dieu et gardez les Traditions qui vous ont été enseignées en écoutant Mon bien-aimé et béni Vicaire de Mon Fils. A chaque prêtre a été donnée par Dieu la Grâce d'agir et de représenter Mon Fils, et alors, Je prie pour ceux qui ne se soumettent toujours pas humblement au Vicaire de l'Eglise, de s'y soumettre et de lui être disponibles. Jésus est Fidèle et Véridique. Imitez votre Dieu, Lui qui est la Perfection. Soyez parfaits en L'imitant dans Son Humilité, Sa Soumission, Son Obéissance, Sa Docilité, afin que vous aussi receviez les plus grands dons qui sont: la

Souffrance et la Mortification, lesquels vous conduiront à la Sainteté et dans Son Sacré-Cœur: votre Demeure.

Mes prêtres, soyez comme un champ qui a été bien arrosé par des pluies fréquentes pour que les agneaux de Jésus soient attirés par ses verts pâturages et qu'ils aient de quoi se nourrir. Aucun agneau n'est attiré à paître dans des chardons et des ronces. Permettez-Moi de rebâtir vos temples et les rendre agréables à Dieu.

Heureuses les oreilles qui entendent et comprennent ce que Je dis, car Je vous dis: tous les noms ne se trouvent pas écrits dans le Livre de Vie de l'Agneau immolé. Alors, priez pour ceux qui ne semblent pas comprendre ni ne veulent s'ouvrir, afin qu'à eux aussi soit donnée la Grâce de Dieu d'entendre avec leurs oreilles, de comprendre avec leur cœur, et qu'ils soient ainsi convertis et voient la Gloire de Dieu.

Je vous bénis, Mes très chers enfants, Je bénis chacun de vous. Je vous aime.

20 mars 1991

— Moi Yahvé Je suis ton Père. Viens; tu accompliras ton travail à Mon côté, Ma fille. Je te renforcerai chaque jour parce que cela sera nécessaire pour Mon Œuvre qui ira dans le monde entier. J'ai allumé ta lampe afin que tu voies, Mon enfant. Je t'ai choisie pour t'enseigner de Ma Salle. De Ma Propre Bouche, tu as reçu Ma Parole. Garde Mes Enseignements comme la prunelle de tes yeux.

— Oui, mon Seigneur et mon Dieu.

— Même maintenant dans ta nullité, Moi qui suis Tout, Je vais Me répandre et, comme la brume qui s'insinue partout, J'entends envelopper en Moi toute Ma création, de l'étranger

à Mon meilleur ami, car Ma Jalousie[101] a contourné Mon désir de la réprimander.
Je t'ai créée pour une raison: Je t'ai créée par Amour pour M'aimer. Lorsque le corps et la chair sont sur le point d'être consommés et de s'épuiser, celui qui M'était agréable sera attiré dans Mon Ame pour toujours et à jamais. Mais malheur à celui qui ne Me craignait pas!
Malheur à celui qui n'a jamais considéré la méchanceté comme une démence et la bêtise comme une folie!
Malheur au cœur qui a cru pouvoir atteindre le zénith de sa puissance par ses propres efforts et sans Moi!
Malheur à celui qui n'a pas obéi à Mes Commandements!
Malheur à celui dont le cœur est rempli de malice!
Malheur au chacal qui complotait de nuit!
Malheur à celui qui jugeait son frère et l'amenait à vivre dans la terreur! Malheur aux lèvres qui portaient de faux témoignages!
Malheur à ceux qui ont répandu le sang innocent d'enfants à naître! Votre rémunération sera l'enfer!
Malheur aux impurs qui reçoivent la Chair et le Sang de Mon Fils en état de péché: combien vous M'êtes odieux!
Malheur à celui qui M'offense en refusant la confession et l'absolution et qui vient, coupable, recevoir Mon Fils!
Repentez-vous! Repentez-vous de vos péchés! A quoi bon l'offrande que vous Me faites alors que vous avez un serpent lové en vous? Si vous Me demandez: «Que devons-nous faire alors pour gagner la Vie éternelle?», Je vous réponds: Repentez-vous! Suivez Mes Commandements; produisez les fruits appropriés, et Moi, en présence de Mes anges, Je vous offrirai la chambre que Je vous ai réservée. Veillez et soyez sur vos gardes contre toutes ces choses. Dans votre désert, permet-

101. L'Amour Jaloux.

tez-Moi de manifester Mon Esprit comme il Me plaît, et quand cela Me plaît et sur qui il Me plaît, pour vous sauver.

— Corrige-nous, Yahvé, Père tout-aimant, doucement et avec miséricorde, mais tout de même rapidement!

— **Aime-Moi, adore-Moi et place-Moi en premier et au-dessus de tout...**

— Apprends-nous à T'aimer sans plus T'offenser. Je suis désespérée sans Toi, ô Abba!

— **Mes Yeux sont constamment sur toi, Mon enfant, et Mon Esprit t'envahira plus que jamais pour ne rien laisser de toi. Je Suis Tout et Je peux t'emplir de Ma Lumière.**

Ah! création! Je suis Loyal et Doux. Laisse-Moi libre, ô création et avec l'affection la plus aimante Je comblerai ton esprit de la divinité de Mon Esprit. Laisse-Moi libre d'annihiler ta léthargie qui t'a conduite dans cette grande apostasie et à la ruine de ton âme. Permettez-Moi de vous emplir de Mon Feu pour que vous deveniez Mes loyaux et fervents serviteurs. Laissez-Moi vous transformer pour faire de vous le délice de Mon Ame. Je-Suis-Qui-Je-Suis est avec vous. Sois béni et aie Ma Paix, toi qui Me lis.

24 mars 1991

— Que chaque créature fasse Ta Volonté, mon Seigneur.

— **Ma fille, la chose que Je désire le plus de vous est l'amour. Je désire que vous M'aimiez, que vous M'aimiez, que vous M'aimiez. Louez-Moi et sentez Ma Présence. C'est ce que Je demande de vous, Ma Vassula.**

— Seigneur, enseigne-nous à T'aimer comme Tu le désires. Apprends-nous à nous aimer les uns les autres. Nous avons besoin de Ton aide parce que nous ne pouvons pas aimer par nous-mêmes à moins que Tu nous donnes la grâce d'aimer.

— Je vous enseignerai par la Grâce[102]. Je vous enseignerai comme Je vous enseigne la Connaissance de vos pères. Je vous fournirai à tous ce dont vous avez le plus besoin: la nourriture spirituelle. J'infuserai en vous tous l'amour et la sainteté. Je ne différerai pas l'accomplissement de Ma Promesse; tout ce que Je vous ai dit est bientôt sur le point de se réaliser et celui[103] qui toutes ces années vous écrasait, lâchera son étreinte. Je sèmerai partout l'amour! On ne trébuchera plus dans la nuit. Viens. Ma fille, Nous?

— Oui, mon Seigneur.

— Aussi, aime-Moi; n'aie pas peur de Moi. Aime-Moi; ne Me néglige pas. Aime-Moi; ne M'oublie pas. C'est tout ce que Je demande de toi, âme.

ΙΧΘΥΣ

25 mars 1991 — Fête de l'Annonciation

— Seigneur, la Semaine Sainte de Pâques est célébrée cette semaine par les catholiques romains, et la semaine prochaine par les orthodoxes. Je sens qu'il n'est pas juste d'avoir des dates différentes et de nous différencier en Toi au point de susciter des remarques telles que: «Leur Jésus n'est pas notre Jésus!»

— Je vous aime tous pareillement, mais beaucoup d'entre-vous ne semblent pas comprendre cela. Misérables êtes-vous tous, pécheurs êtes-vous tous, fragiles êtes-vous tous, mais vous êtes tous Ma descendance. Vois-tu, Vassula? Ai-Je fait quelque différence, <u>Moi</u>? Je suis venu à <u>toi</u>, et à <u>toi</u> J'ai montré Mon Sacré-Cœur[104]. Je suis allé dans toutes les directions, recherchant par quel moyen Je pourrais te faire Mienne. J'ai

---

102. Jésus a souri, découvrant Ses fossettes.
103. Satan.

fait pleuvoir sur toi bénédiction sur bénédiction pour te ressusciter de la mort et te former, puisque la Sagesse te manquait. Je t'ai courtisée, et dans Ma Tendresse, Je t'ai choisie Moi-même pour que tu deviennes un témoin auprès d'un peuple qui n'est pas le tien et dont beaucoup sont loin de comprendre pourquoi la Sagesse a, parmi eux, choisi une étrangère. Moi le Sacré-Cœur Je suis déterminé à leur montrer que c'est toi, une étrangère pour eux, que J'ai prise pour partager les Richesses de Mon Sacré-Cœur, et partager Ses délices et Ses douleurs. Oui, Je suis venu enseigner aussi aux étrangers les Richesses de Mon Sacré-Cœur. Aujourd'hui, J'ai composé pour eux un chant nouveau[105] car Je suis Un et le Même! Aussi, Mon élève, continue à ne pas te différencier sous Mon Nom. Même si le souffle de Mes ennemis te fait tourbillonner, Je ne te laisserai pas sans défense. Je viendrai toujours à ton secours, Mon enfant. S'ils te défient[106], ne réponds pas; c'est Moi qui répondrai à ta place. L'Ecriture dit: «Dieu n'a pas de favori, et quiconque craint Dieu et fait ce qui est juste Lui est acceptable, quelle que soit sa nationalité» *(Ac 10,34-35)*. Mais les hommes se sont divisés, ils se sont infligés la ségrégation sous Ma Sainteté. Mais attends et tu verras. Mon Saint Esprit — à la grande stupeur de beaucoup — sera aussi déversé sur les païens. Je te le dis solennellement: ces choses surviendront avant que ne passe cette génération. Aussi, courage, Mon enfant, n'aie pas peur. A la fin, Je vous unirai tous… et il ne sera plus permis à la vipère de cracher son venin dans ta nourriture, génération; ta nour-

104. Jésus signifie par là qu'Il S'est manifesté à une orthodoxe grecque et non à une catholique, et pourtant, Il lui parle dans la terminologie catholique.
105. Allusion à Ap 14,3.
106. Quelques-uns, laïcs, prêtres et même évêques, disent que pour prouver ma sincérité, je devrais quitter l'Eglise orthodoxe et entrer officiellement dans l'Eglise catholique.

riture sera intacte et pure. Les chagrins et les lamentations seront finis. Je vous aime et Mon peuple, un, portera Mon Saint Nom[107].

— Ah! si Tu déchirais les Cieux et descendais! En Ta Présence, fondraient non seulement les montagnes comme l'a dit le prophète Esaïe *(Is 63,19)*, mais aussi les trois barres de fer que Tu m'as fait dessiner, représentant les catholiques, les orthodoxes et les protestants.

— Je te promets: Je ne laisserai pas longtemps Mon Eglise divisée. Je viendrai à Elle Moi-même, en pleine force, et la rebâtirai. Aie confiance en Moi, Ma bien-aimée. Je ne supporte plus cette génération impie; après tout, la colère du Père ne peut pas être plus longtemps différée. C'est pourquoi Mes Grâces sur vous seront multipliées: pour vous sauver. Vassula, la terre n'a pas encore pleinement savouré Ma Paix. Comme un sol desséché, elle a soif de cette Paix que Je vous ai laissée à tous, et Moi, comme un ruisseau courant dans un jardin, Je descendrai vous irriguer.

Et toi, Mon enfant, réjouis-toi! car J'ai pris racine en toi et J'ai fait Ma Demeure en toi, et en toi Je croîtrai, si tu Me le permets. Maintenant, prie le Père avec Moi, Mon enfant, répète après Moi cette prière:

Père,
béni soit Ton Nom.
Puisque Ton Fils Bien-Aimé Jésus Christ
est venu dans le monde
non pour le condamner
mais pour sauver le monde,
prends pitié de nous.
Regarde les Saintes Plaies de Ton Fils,

107. Simplement «chrétiens» (Ac 11,26), disciples du Christ.

qui maintenant sont grandes ouvertes
et souviens-Toi du prix qu'Il a payé pour nous,
pour nous racheter tous;
souviens-Toi de Ses Plaies Sacrées
et des deux Cœurs
que Tu as unis Toi-Même dans l'Amour
et qui ont souffert ensemble:
Celui de l'Immaculée Conception
et Celui de Ton Fils Bien-Aimé.

O Père,
souviens-Toi maintenant de Sa Promesse
et envoie-nous l'Avocat
en pleine force,
le Saint Esprit de Vérité
pour rappeler au monde la Vérité,
ainsi que la docilité, l'humilité,
l'obéissance et le grand Amour de Ton Fils.

Père,
le temps est venu
où le règne de la division
appelle à la Paix et à l'Unité;
le temps est venu
où le Corps blessé de Ton Fils
appelle à la Droiture,
celle que le monde n'a pas encore connue;
mais par le Cœur Immaculé de Marie
et le Cœur Sacré de Jésus,
donne-nous, Père Adoré,
cette Paix dans nos cœurs,
et accomplis les Ecritures
en exauçant la Prière

que T'adresse Ton Fils Bien-Aimé:
que nous soyons tous un,
un dans la Divine Sainte Trinité
afin que nous T'adorions et Te louions tous
autour d'un seul Tabernacle.
Amen.

Ma fille, aime-Moi comme Je t'aime. Aimez-vous les uns les autres comme Je vous aime. Sois bénie. Viens.

8 avril 1991

— Mon Seigneur?

— **Je Suis. Petite, la Paix soit avec toi. Aime-Moi et accroche-toi à Moi car tu n'as pas terminé avec Moi**[108].

— J'en suis ravie et soulagée!

— **Je ne permettrai pas à ta force de s'écrouler. Je te donnerai Ma Nourriture comme Je l'ai toujours fait.**

Ma fleur, cette fois, Mon Message[109] **est une PRIERE POUR TOUTES LES NATIONS, une PRIERE POUR L'UNITE; allons, écris:**

«Loué soit le Seigneur,

pour la Nourriture Céleste[110] **que Tu nous donnes, et c'est pour accomplir les Ecritures et pour achever Ton Œuvre. Tu as donné Ta Connaissance à de simples enfants et non aux instruits, car c'est ce qui Te plaît, Seigneur.**

---

108. Jésus veut dire: de cette manière, Le voyant intérieurement et L'entendant en locutions.
109. Message proclamé et diffusé pour la première fois à la réunion du 25 mai 1991 en l'église Marie-Reine, Martigny, Suisse.
110. Nourriture spirituelle: les messages.

Loué soit le Seigneur

pour avoir ouvert des routes afin que Ton peuple y marche et vienne à Toi remplir Ta Maison, car bien que Tu aies envoyé Ton Fils dans le monde et que le monde ait vu clairement la Lumière, ils n'ont pas tous accepté la Lumière mais ont préféré l'obscurité, tombant dans l'apostasie. Le monde a apostasié parce qu'ils ont refusé la Vérité et préféré vivre dans un Mensonge. Oui, Seigneur, Tu aimes tant le monde qu'aujourd'hui, en dépit de notre méchanceté, Tu nous envoies sans réserve Ton Saint Esprit pour nous ranimer et raviver le monde, renouvelant chaque créature afin que chacun voie Ta Gloire, croie et soit ainsi converti.

Loué soit le Seigneur,

pour avoir ouvert les portes du Ciel pour déverser de Tes Réserves cette Manne Cachée *(Ap 2,17)* réservée pour nos Temps. Non, ce ne fut pas Moïse qui donna le pain du Ciel, ce fut Toi, Père, qui procura le vrai pain, et comme Ton Fils Jésus Christ est le Pain de Vie, le Saint Esprit nous nourrit également, car tout Pain qui descend du Ciel est Vie. Il est dit dans les Ecritures: ils seront tous instruits par Dieu *(Is 54,13)*, et la chair et les os ne peuvent pas révéler la Vérité à moins que la Vérité soit donnée par Celui-là même qui a établi la Vérité et L'a imprimée dans nos cœurs.

Père,

puisse Ton Nom être toujours loué et à nouveau glorifié. Que le monde passe des Ténèbres à la Lumière, du Mensonge à la complète Vérité, de la Léthargie à la Ferveur.

Père, Créateur du Ciel et de la Terre,

l'heure est venue de nous montrer les Cieux Nouveaux et la Terre Nouvelle où Ton Saint Esprit fera Sa Demeure en nous.

Père Très-Tendre,

comme Tu as glorifié Ton Fils et Ton Fils T'a glorifié, que Ton Saint Esprit de Vérité glorifie à nouveau Ton Fils. Dans peu de temps, Père, conformément aux Ecritures, le premier ciel et la première terre disparaîtront bientôt, pour prouver au monde que Ta Parole est quelque chose de vivant et d'actif et que Jésus a effectivement vaincu le monde. Lorsque viendra ce jour, la prière que Ton Fils T'a adressée sera aussi accomplie, car nous serons tous un en Toi comme la Sainte Trinité est Une et la Même. Nous ne nous différencierons plus sous Ton Nom.

Loué soit le Seigneur et Gloire au Très-Haut

pour nous avoir envoyé, dans notre grande apostasie, notre Sainte Mère dont Tu as Toi-même uni dans l'amour le Cœur à Celui de Jésus, Cœurs qui ont souffert ensemble. Et c'est à nouveau ensemble que les Deux Sacrés-Cœurs[111] nous renouvelleront et nous ramèneront à la Vie et en Toi. Les brebis perdues seront retrouvées; aux agneaux errants, il sera rappelé quel est leur vrai bercail et Qui est leur Vrai Berger, ce Berger qui jamais ne déserte Son troupeau ni n'abandonne les égarés, mais guérit les blessés et soutient les épuisés.

Loué soit le Seigneur,

Toi dans le Saint Esprit de Qui nous recevons le baptême. Vraiment, des fontaines d'eau vive jaillissent et sont données à l'homme qui a soif, puisqu'elles jaillissent à profusion de Ton Saint Sanctuaire[112], ce Sanctuaire que Tu as relevé en

111. Il est remarquable que parmi les trente nouveaux cardinaux créés par le Pape Jean-Paul II le 26 novembre 1994, le cardinal Julius Riyadi Darmaatmadja, archevêque de Semarang (depuis le 6 avril 1996, archevêque métropolitain de Jakarta), a été revêtu du titre du Sacré-Cœur de Marie (note du traducteur; source: *L'OSSERVATORE ROMANO*, 29 novembre 1994).

trois jours; et de Ta Plénitude, nous recevons en ces derniers jours les Grâces de Ton Saint Esprit pour nous raviver, car c'est Ta Manne du Ciel, la Nourriture Spirituelle venant de l'Esprit.

Père,

que Ton peuple réalise que bientôt le bannissement sera levé et que le Trône de l'Agneau, Ton Trône, sera bientôt à Sa place, parmi nous. Aussi, Père Juste, prépare-nous à ce Glorieux Jour où nous pourrons tous Te louer et Te glorifier autour d'un seul Saint Tabernacle.

Père,

je Te remercie d'avoir entendu ma prière et de m'avoir donné Tes Paroles pour indiquer au monde les Richesses de Ton Sacré-Cœur.

Amen.»

Allons, Ma fille, allons, petite amie, ne cesse pas de M'aimer. Tu auras toujours de Moi des encouragements. Aussi, sois rassurée et aie confiance en Moi.

112. Le côté de Jésus (cf, Jn 19,34), Son Corps, Son Sacré-Cœur.

CAHIER 51

13 avril 1991

— Seigneur, notre division, et je ne parle pas seulement de la division entre orthodoxes et catholiques, est un vrai scandale! Comment est-il possible que nous chrétiens, continuions à être divisés, et pas seulement une division temporaire, mais une division qui dure, avec des racines profondes, sur la base de conflits aussi absurdes! Chacun rivalisant avec l'autre, et certains d'entre-nous couvant la colère et la haine, comment est-il possible de parler avec intégrité alors que dans nos cœurs, une vieille querelle reste non résolue? Pouvons-nous réellement nous présenter face à Toi et dire que nous sommes réconciliés avec nos frères? Pouvons-nous venir à Toi avec bonne conscience T'offrir nos offrandes sur Ton autel? Non! Aussi longtemps que nous vivons sous Ton Saint Nom sans être réconciliés, nous ne pouvons pas prétendre venir à Toi avec une conscience nette. Alors que nous savons tous que Ton plus grand désir, cher Christ, est L'UNITE, nous nous cramponnons cependant aux barrières qui nous séparent et nous ne semblons pas être assez honnêtes pour dire: «Nous ne sommes pas disposés à plier puisque c'est nous qui détenons la vraie Foi et la Vérité.» N'avons-nous pas compris combien plus resplendissante serait Ton Epouse si nous nous unissions? Combien plus puissante deviendrait l'Eglise? Quels progrès Elle ferait? Combien plus de Fruits Elle produirait? Maintenant, Elle semble stagner. Pouvons-nous honnêtement dire qu'Elle progresse et qu'Elle se gagne des âmes lorsque journellement sous nos yeux nous voyons âme après âme quitter Ton Epouse pour des philosophies au rabais, oui, des sectes comme les Témoins de Jéhovah, le New Age, la Scientologie et autres. Cependant, je sens que ces gens sont à Ta recherche, aussi, aide-les à Te trouver...

— Ah! Ma colombe, Je ne t'ai pas enseignée en vain... Ils n'ont pas encore compris que J'ai besoin de leur cœur pour les unir. <u>J'ai besoin de leur cœur pour y rebâtir Mon Eglise en Une</u>. L'unité sera par le cœur. Regarde, Je t'ai chargée de porter témoignage à un peuple qui n'est pas le tien, mais beaucoup des tiens n'ont cependant pas compris pourquoi la Sagesse t'envoie à des étrangers. Ton peuple croit que tu as cédé aux étrangers. <u>Ils n'ont pas réalisé que c'est Moi, le Seigneur, qui ai uni ton cœur aux leurs</u>. En effet, ta croix sur toi est double, Mon enfant, puisque tu es rejetée par certains étrangers qui te mettent sans cesse au défi de devenir l'une d'entre-eux. En restant telle que tu es, Je donne aux uns et aux autres une leçon: Je leur enseigne comment ils doivent s'unir et à quoi ressemblera l'unité. L'unité ne consiste pas à vous différencier sous Mon Saint Nom; l'unité consiste à partager la Sainte Communion en croyant en Ma Présence Réelle dans la Sainte Eucharistie. L'unité, Mon enfant, <u>c'est vous donner vos richesses les uns aux autres</u>.

— Seigneur, enseigne-nous, «lorsque nous jugeons,
à refléter Ta Bonté
et lorsque nous sommes jugés,
à espérer la miséricorde» *(Sg 12,22)*.

— Ah! Mon enfant, ta course n'est pas encore finie, mais souviens-toi, devant toi, Je suis, et à ton côté, ta Mère, pour t'encourager, et sur tes talons, ton ange gardien pour te

protéger. Ecoute-Moi; entre frères, le premier d'entre-eux mérite l'honneur, aussi, honorez Mon Pierre. Ceci est seulement un rappel de la part du Très-Haut.

— Maintenant, je sais que je ne serai jamais abandonnée; Tu as dirigé mon âme vers Toi; j'ai levé les mains vers le Ciel et Tu m'as élevée; mon âme se réjouit en Toi. Oh! puisses-Tu faire aussi pour mes frères ce que Tu as fait pour moi!

— Non seulement J'attirerai dans Mon Cœur tes frères, Ma fille, mais J'attirerai dans Mon Cœur même des gens qui ne Me connaissent pas. Désormais la Miséricorde et la Grâce viendront même aux païens, car eux aussi font partie de Ma création. Ma fille, Je suis connu pour aider les pauvres et les misérables... Maintenant viens Me caresser de tes paroles tendres qui viennent de ton cœur; répète-les Moi.

— Seigneur Jésus, utilise-moi pour sécher Tes Larmes;
Seigneur Jésus, utilise-moi pour essuyer Tes Larmes;
Sacré-Cœur, utilise-moi pour consoler Ton Cœur;
Sacré-Cœur, utilise-moi pour retirer les épines
encerclant Ta Tête et Ton Cœur;
Seigneur Jésus, utilise-moi pour appuyer Ta Tête;
Doux et Bon Jésus, utilise-moi comme bon Te semble
pour Te plaire et Te consoler;
mon désir est d'amener un sourire à Tes Lèvres.

— Alors Je t'utiliserai si tu M'offres également ta volonté.

— Jésus, je T'offre ma volonté, mon cœur, mon âme, mon esprit, mon corps, tout.

— Alors l'Amour fera Sa Volonté en toi, et Ma Paix régnera dans ton cœur, et Mon Image se reflétera dans ton âme, et ton esprit M'adorera conformément à Mon Esprit, et ton corps rejettera tout ce qui n'est pas saint, puisque Je le transfigurerai et le rendrai parfait dans Mon Corps Glorieux, pour

devenir un autel pour Moi ton Dieu; tu partageras Mes souffrances mais aussi Ma joie. Je continuerai à t'enseigner afin que tu portes témoignage non seulement à un Christ crucifié, mais aussi à un Christ ressuscité et victorieux. Je rappellerai à chacun que les merveilles, les miracles et les signes font aussi partie de Moi. Alors, viens.

(plus tard)
— L'Amour t'aime; aime-Moi. Sans épreuves, tu ne croîtras pas. Mon affection pour toi est manifeste; c'est pourquoi Satan te hait au plus haut point. Même si tu sens que tu es soumise à une constante menace de Mon ennemi, Je suis près de toi pour te soutenir. Réalise que Je t'ai faite, toi, pour lui être une menace. Quiconque lui soustrait des âmes est une menace pour lui; c'est une des raisons pour laquelle il ne perd jamais la moindre occasion de s'en prendre à toi. Il utilise très souvent des personnes dans ce but. Partant de rien du tout, il peut produire un acte d'accusation pour ruiner totalement celui qu'il veut frapper. Mais ce n'est pas tout. Un de ses agissements les plus pervers consiste à suggérer à l'âme durant son sommeil toutes sortes d'idées qui conduisent l'âme à l'agitation et au trouble le plus total, arrachant toute paix à cette âme; c'est pourquoi vous devez rester éveillés: ne le laissez pas vous trouver endormis.

14 avril 1991

— «Béni soit Yahvé
qui accomplit pour moi
des merveilles d'amour» *(Ps 31,22)*.

— **La paix soit avec toi. Maintenant, dis-Moi, Mon élève: es-tu heureuse de M'avoir pour Directeur Spirituel?**

— Oui, Seigneur, plus qu'heureuse. J'apprends beaucoup de choses directement de Ta Bouche, et d'autres que moi apprennent aussi!

— **Aimerais-tu écrire?**

— Je suis prête à Te servir, mon Dieu; prépare-moi en ouvrant mon oreille pour qu'elle n'entende que Ta Voix.

— **Alors, écoute-Moi:**

bénis ceux qui œuvrent pour la Paix, ils prospéreront dans Ma Paix et rayonneront Ma Lumière pour toujours et à jamais;

bénis les compatissants: ils verront la Miséricorde au Jour du Jugement;

bénies les âmes généreuses qui partagent Ma Coupe: elles seront appelées héritières de Mon Salut;

bénis ceux qui M'épousent: cette joie-même que Je ressens comme Epoux, eux aussi la ressentiront, le jour où ils Me rencontreront face à face;

bénis êtes-vous, vous qui n'avez pas accepté d'autre témoignage que la Seule et Unique Vérité que Je vous ai donnée Moi-Même; Je vous dis: venez! venez dans Mon Royaume partager avec Moi tout ce que J'ai;

bénis ceux qui ne se différencient pas sous Mon Saint Nom, mais montrent leur unité à travers leur humilité et leur amour: ils seront appelés Piliers et Fondations du Sanctuaire de Dieu;

bénis êtes-vous, vous qui croyez sans voir; réjouissez-vous de la Grâce que vous avez reçue de Mon Père et priez pour ceux qui n'ont pas encore reçu cette Grâce;

bénis êtes-vous, vous qui acceptez d'être flagellés, humiliés et cloués avec Moi sur la Croix, et qui portez les marques de Mon Corps sur le vôtre: votre chambre dans le Ciel sera ouverte pour vous recevoir et votre récompense sera grande;

bénis ceux qui gardent Saint Mon Nom lorsqu'ils appellent et demandent en Mon Nom: J'écouterai;

bénis les petits qui Me louent et M'adorent: en eux Je ferai de grandes choses;

bénis les fidèles qui observent Mes Commandements et qui des Ecritures ne changent pas un trait de ce qui a été écrit: le Royaume des Cieux est à eux;

bénis êtes-vous, Mes agneaux qui, à cause de Moi, êtes chassés comme du gibier par des loups voraces, parce que J'ai partagé votre repas côte à côte avec vous; Je vous dis: aucune de vos souffrances n'est en vain, le Père voit tout cela et tient compte des actes de chacun; il n'en ira pas pour Sodome et Gomorrhe aussi sévèrement que pour ceux qui ont persécuté Mon Saint Esprit. Aussi, restez éveillés, parce que nul ne sait le jour ni l'heure de Ma Venue. Votre Roi sera bientôt là; Celui que vous avez attendu si longtemps fera soudainement irruption sur vous. Aussi, courage, bien-aimés. Vraiment, la fumée du démon a pénétré dans Mon Sanctuaire[113], mais quelle est la fumée qui dure éternellement? Du Souffle de Mon Saint Esprit, Je dissiperai et Je disperserai cette fumée et nulle autorité, nulle puissance d'en bas ne pourra interve-

113. Cf. Paul VI (29 juin 1972): «Par quelque fissure, la fumée de Satan est entrée dans le temple de Dieu» (note du traducteur).

nir. Je viens apporter le Feu à la terre et purifier nation après nation. Soyez bénis.

ΙΧΘΥΣ

15 avril 1991

— Seigneur, viens à nous en pleine force
avec Ton Saint Esprit,
car, très tendre Abba,
comme Tu as glorifié Ton Fils et Ton Fils T'a glorifié,
l'heure est venue
que Ton Saint Esprit de Vérité glorifie Ton Fils.
Prouve au monde que Ta Parole
est quelque chose de vivant et d'actif
et non simplement des mots
imprimés sur le papier.
Que Ton Saint Esprit
«tourne les cœurs des pères vers leurs enfants
et les cœurs des enfants vers leurs pères» *(Ml 3,24)*.

— La Paix soit avec vous.
Vassula, les Ecritures ne mentent jamais. Il a été dit que dans les derniers jours à venir, les gens maintiendront l'apparence extérieure de la religion, mais en auront rejeté la puissance intérieure *(2 Tm 3,5)*.
Ah! Mes bien-aimés, à Mon Retour, restera-t-il encore un peu de foi? *(Lc 18,8)*
La puissance intérieure de Mon Eglise est Mon Saint Esprit vivant et actif en Elle; comme un cœur dans un corps, Mon Saint Esprit est le Cœur de Mon Corps qui est l'Eglise;
la puissance intérieure de Mon Eglise est Mon Saint Esprit Qui donne à profusion et distribue Ses dons et Ses grâces de sorte que l'Eglise en tire bénéfice;

la puissance intérieure de Mon Eglise est Mon Saint Esprit, le Rappel de Ma Parole, ne révélant rien de nouveau, mais rappelant les mêmes instructions données par le même Esprit;
la puissance intérieure de Mon Eglise est Mon Saint Esprit, Qui vous transfigure, vous élève et vous change en de vraies copies de Moi-Même;
la puissance intérieure de Mon Eglise est Mon Saint Esprit, ce feu qui vous anime, vous purifie et fait de vos esprits des colonnes de feu, d'ardents brasiers d'amour, de vivantes torches de lumière, pour proclamer sans peur Ma Parole, devenant des témoins du Très-Haut, et enseignant aux autres à rechercher seulement les choses Célestes;
la puissance intérieure de Mon Eglise est Mon Saint Esprit, la Vie, le Souffle qui vous garde vivants et fait que vos esprits Me désirent, M'appelant: Abba.
Si tu refuses, Mon enfant, et tu supprimes les dons de Mon Saint Esprit, quels services pourras-tu accomplir et M'offrir? Ne sois pas comme les cadavres qui conservent l'apparence extérieure de la religion mais en rejettent la puissance intérieure par de futiles spéculations, Me limitant ainsi dans Ma Divinité. N'arrête pas ceux qui, comme des enfants, viennent à Moi en vivant une vie de dévotion au Saint Esprit. C'est Moi qui les appelle aux noces de Mon Saint Esprit. Le secret de la sainteté est: la dévotion à Moi votre Dieu, et vous ne pouvez rien faire de vous-mêmes, à moins que Mon Esprit vivant en vous, vous guide et vous enseigne les choses Célestes.
Je te dis en vérité: quiconque Me craint acceptera Ma correction. Aussi, maintenant ne dors pas car ce sont les Temps où l'on doit être plus que jamais éveillé et vigilant. Ce sont les Temps d'ouvrir tes oreilles et d'écouter Mon Esprit sans le mépriser. Ne joue pas au sage au mauvais moment en

écartant le Souffle de Mon Saint Esprit, supprimant ainsi la puissance intérieure qui active Mon Eglise. Tu veux être prudent? alors ouvre tes yeux. Tu veux être prudent? ouvre ton cœur et tes oreilles, Mon ami, et non ton intellect. Une personne prudente ne méprise jamais un avertissement de l'Esprit; seul l'orgueilleux ne connaît pas la crainte. La crainte du Seigneur est le commencement de la Sagesse. Tu veux être prudent? recherche la Vérité qui désespérément Se penche sur ta misère pour te sauver! Regarde Qui Se courbe sur votre misère et votre méchanceté pour vous tirer à Lui et vous relever de vos tombes et réinsuffler la Vie en vous!

Oh, viens! ne te méprends pas sur Moi: Je ne te force pas, pas plus que Je n'essaie de violer ta liberté!

J'ai eu pitié de toi, génération. Ne dis pas que tout ce que J'avais à dire a été dit. Pourquoi Me limiter à vous-mêmes? Je suis le Rappel de Ma Parole, oui, la puissance intérieure de Mon Eglise et Je suis libre de vous envoyer de nouveaux prodiges et de faire de nouvelles merveilles. Je suis libre de t'élever, génération, et de déverser sur toi un baume curatif provenant des Richesses de Mon Sacré-Cœur, quand Je veux et sur qui Je veux. Je bâtis, oui, Je rebâtis Mon Eglise qui maintenant gît en ruines.

Aussi, génération, lorsque tu te trouveras face à Moi au Jour du Jugement, que Je ne sois pas obligé de te dire: toi, tu étais l'un de Mes persécuteurs qui démolissaient lorsque Je construisais.

La Miséricorde est maintenant à vos portes et Ma Compassion frappe à vos portes en vos temps de tribulations.

Vous vous prétendez saints? Révélez-vous saints en Me montrant votre adoration à Mon égard. Révélez-vous saints en Me montrant les âmes que vous convertissez et que vous M'apportez, car Mon Royaume ne consiste pas en paroles, ni en une apparence extérieure de religion, mais en une Puis-

sance Intérieure que Moi seul Je peux vous donner par Mon Saint Esprit, si vous Le recherchez. Sentez Ma Présence et Mon Amour que J'ai pour chacun de vous. Moi, Jésus Christ, Je suis présent et Je vous bénis tous, des profondeurs de Mon Sacré-Cœur, laissant Mon Soupir d'Amour sur vos fronts. Soyez un. Ecclesia revivra.

ΙΧΘΥΣ

20 avril 1991

— Seigneur, je Te remercie d'avoir fait de moi Ta propriété et Ton épouse. A ceux qui ne comprennent pas, enseigne que si Tu permets à Tes persécuteurs de m'attaquer, c'est parce que de cette manière aussi, Tu peux également être glorifié. Et Tu as clairement établi que néanmoins Tu ne leur permettras jamais de blesser ou de toucher mon âme. Fais-leur comprendre la différence, car différence il y a.

— **Fleur, Ma Coupe est amère, mais es-tu toujours désireuse de La partager avec Moi?**

— Je veux partager Ta Coupe avec Toi.

— **Oui, prouve ton amour pour Moi en M'offrant ta volonté. Sois avide de Me glorifier Moi, ton Dieu, en embrassant Ma Croix. Tu es devenue Ma Propriété de laquelle Je tire Mes délices. Tu as remis ta vie entre Mes Mains. Ecoute, Ma fille: reste faible car en ta faiblesse, Je peux faire de grandes choses. Sois rien car dans ton néant, Je peux être Tout. Reste silencieuse et dans ce silence Je trouverai Mon repos. Reste malléable afin que Je puisse te former en une copie de Mon crucifix. Reste limitée afin que Ma Puissance soit visible en toi. Deviens un modèle de Moi-Même en étant docile, patiente, pure, obéissante, humble, fidèle et en constante prière, comme Je l'étais avec le Père. Ne dors jamais. Ne** coupe jamais les liens que tu as avec le Père. Ma vie sur terre fut une prière incessante avec le Père, aux moments favorables et défavorables. Ecoute le Père et fais Sa Volonté. Ta nourriture t'est donnée par Moi ton Rédempteur, et ce que tu manges vient de Moi pour t'enseigner à vivre la seule Vraie Vie en Moi ton Dieu.

Je te dis en vérité, n'aie pas peur de ceux qui tuent les corps mais ne peuvent pas tuer les âmes; aie peur plutôt de celui qui peut détruire et ton corps et ton âme en enfer *(Mt 10,28)*. Reste en Moi et Moi en toi. Je permettrai que ta nature mortelle soit mise à l'épreuve afin que tu grandisses dans tes épreuves, mais il ne sera pas touché à ton âme. La chair et le sang ne peuvent hériter Mon Royaume, aussi n'aie pas peur; par tes épreuves, Je suis également glorifié. Abandonnée, tu ne seras jamais.

ΙΧΘΥΣ

St-Georges, Province de Québec, 23 avril 1991

(Message pour le Canada:)

— Je viens dans votre pays pour laisser un signe de Mon Grand Amour. Je viens, Moi votre Roi, comme un mendiant, en haillons et pieds nus, pour vous demander de faire la paix avec Moi et pour vous demander un petit peu de votre amour.

Par Mon Infinie Miséricorde, Je Me courbe jusqu'à vous pour vous tirer de votre léthargie et de vos ténèbres afin que vous goûtiez Mon Grand Amour pour vous.

Châteauguay, Province de Québec, 24 avril 1991

— Fais-Moi plaisir, Ma fille, en Me glorifiant.
— Aide-moi, Seigneur, à proclamer Ton Message d'amour.
— Je M'en chargerai complètement, aussi ne t'inquiète pas. Je Me tiendrai à côté de toi, aussi, viens.

Châteauguay, 25 avril 1991

(Avant la réunion, je priai encore le Seigneur pour qu'Il m'aide.)

— Ma Vassula, crois-tu que Je puisse jamais exiger de toi quelque chose dépassant ta capacité? Ma fille, l'accomplissement de Ma Loi est l'Amour. L'Amour est la Racine de Ma Loi et les autres commandements ne peuvent être si l'Amour n'y est pas. Créée tu es pour Me glorifier.
Ecoute, Mon Esprit va t'envahir[114]. Donne-Moi les familles de cette nation. Donne-Moi, Ma fleur, la gloire qui M'est maintenant due. Dis-leur[115]: Je suis votre Rédempteur et Je viens non pour condamner quiconque, mais pour sauver par une justice salvatrice; aussi, invoquez Mon Nom, enfants bien-aimés: Jésus, qui signifie: Celui-Qui-Sauve.
Bien-aimés, Je suis à vos portes-mêmes.
Je vous bénis tous.

2 mai 1991 — De retour en Suisse

(Message pour une âme:)

— La Paix soit avec toi. L'avènement de Mon règne sur terre est à portée de main et Ma Volonté sera faite sur terre comme

114. Afin de me préparer pour la réunion.
115. Aux gens de Châteaugay.

Elle l'est au Ciel[116] et dans vos cœurs, Je reconstruirai l'unité de Mon Eglise. Je n'attendrai pas plus longtemps une approbation humaine et Mon Epouse sera à nouveau revêtue d'une Gloire éclatante. L'anathème de division sera levé et la Femme vêtue de la splendeur du soleil, que J'envoie avant Moi pour vous éduquer, vous encouragera. Je Lui ai donné le pouvoir sur toutes races et toutes contrées pour ouvrir une large route pour Moi. La fumée qui a pénétré dans le cœur de Mon Sanctuaire, souillant Calice, Tabernacle et tout ce qui est saint, se dissipera d'un coup par Mon Souffle.

Alors les nations parleront un seul langage et toutes M'adoreront autour d'Un Seul Tabernacle, Celui de l'Agneau Immolé, Celui du Sacrifice Perpétuel que Mes ennemis essaient d'abolir et de remplacer par leur désastreuse abomination *(Dn 11,31)*.

Très bientôt maintenant, Mon ami, Je serai de nouveau avec vous tous. Et Ma prière sacerdotale au Père sera accomplie: vous serez un comme Nous dans la Sainte Trinité. J'ai encore, cachées dans Mon Sacré-Cœur, beaucoup de choses à te divulguer et à te montrer car les Trésors que J'ai en Moi sont innombrables mais il y en a trop pour que tu les prennes maintenant[117]; ton âme ne pourrait pas tout saisir; mais petit à petit, Je te dévoilerai les Trésors de Mon Sacré-Cœur et pas à pas, Je te guiderai dans ce qui ressemble à un Phare: un Mystère d'une Insondable Richesse qui a été caché durant des générations et durant des siècles. Je te révélerai, Mon ami, la riche gloire de l'Espérance, de la Sagesse et de la Connaissance. Sois enraciné en Moi et tu porteras fruit; reste en Moi et tu vivras. Je t'ai dit tout cela, Mon ami, afin que

116. Jésus a dit cela très majestueusement en regardant vers le Ciel.
117. Jésus a dit cela en souriant.

lorsque viendront les épreuves, tu ne chancelles pas. L'Amour est à ton côté. Aime-Moi.

3 mai 1991

— Seigneur, inonde-moi de Ton Saint Esprit.
Viens m'envahir avec Ton Saint Esprit
afin que l'ennemi ne trouve aucun espace en moi.
Que Ton Saint Esprit Se loge
au plus profond de mon âme
pour l'imprégner et la combler de richesses,
celles qui ne sont pas du monde.
Béni soit Dieu.

— Je Suis est avec toi. Aie Ma Paix. Je suis descendu dans ta chambre pour t'offrir Mon amitié. J'étais alors un étranger pour toi mais tu vois? Mon Enseignement t'a élevée dans Mon Cœur et aujourd'hui, J'ai changé ton aridité en un sol fertile. Ma colombe, Je Me délecte en toi; Ma petite, Je vis en toi; Mon repose-tête, Je repose en toi. Glorifie-Moi maintenant en restaurant Ma Maison. Glorifie ton Père qui est au Ciel en Le traitant comme un Roi. Ah! Ma fille, Ma bouche est sèche par manque d'amour; J'ai soif par manque d'amour. Panse Mes Plaies avec ton amour; retire Mes épines et console-Moi. Loue-Moi tout le temps du fond de ton cœur. Parle-Moi et n'attends pas à demain; délecte-Moi et reste petite. Permets-Moi, Ma Vassula, d'utiliser ta petite main. Offre-Moi ton temps et <u>Je te saturerai</u> de Ma Fontaine et les Trésors que Je te donnerai ne pourront jamais être évalués; nul ne pourra en sonder la magnificence. Moi le Seigneur, Je Me ferai un Trône en toi pour te gouverner. Et puisque tu M'as donné ton consentement, Je Me permettrai de suivre les passions de Mon Cœur. Je suis dans Mon Domaine et J'ai

maintenant pleine autorité sur toi. Loue-Moi souvent et bénis-Moi. L'Amour est avec toi.

ΙΧΘΥΣ

6 mai 1991

— Seigneur mon Dieu,
qui pourrait nous apporter le salut, sinon Toi?
Qui pourrait nous ramener au foyer, sinon Toi?
Qui pourrait nous amener le bonheur, sinon Toi?
Alors: Maranatha!

— Ma fille, les morts ne peuvent pas Me louer; c'est pourquoi Je descendrai en pleine force sur vous et Je vous ressusciterai tous pour vous rappeler Ma grandeur, Ma splendeur et Ma souveraineté. Viens, écris, Ma Vassula:

(Message pour les réunions de prière du 18 mai 1991 en l'église de l'Immaculée Conception à Toulouse, France, du 25 mai 1991 en l'église Marie-Reine à Martigny, Suisse, et du 8 juin 1991 en l'église San Vincenzo de Paoli à Milan, Italie:)

— La Paix soit avec vous, Mes fils et Mes filles.
J'ai compté Mes brebis et Mon Cœur est accablé de chagrin: seul un reste subsiste aujourd'hui, qui n'a pas été razzié par l'Apostasie; seule une poignée n'a pas perdu sa foi; seuls quelques-uns restent qui ont survécu aux périls du rationalisme.
Et Moi, d'En Haut, J'ai épuisé Mes Yeux à attendre de vous que vous M'offriez votre cœur et votre abandon; mais les cœurs de cette génération sont gonflés de sottise.
Quand bien même vous n'avez pas observé Ma Loi d'Amour mais avez détourné vos cœurs en établissant vos propres lois et statuts, Je ne resterai pas là à vous voir dévier de plus en

plus de Mes Commandements. J'entends te sauver, génération. J'entends rééduquer ta raison et te guider avec un grand amour dans le chemin de la Droiture.

Je t'enseignerai à invoquer Mon Nom; Je t'enseignerai à marcher en Ma Présence; Je t'enseignerai à vivre une vie de prière, Mon enfant; Je t'apprendrai à M'aimer de toute ton âme; Je déferai les liens mortels qui attachent ton âme à tout ce qu'abhorre Mon Ame si tu Me donnes ta volonté, Mon enfant. Mais regarde, regarde autour de toi. Mon Saint Esprit vient vous trouver et vous raviver tous. Vêtu comme un mendiant, avec des larmes de Sang ruisselant sur Mes Joues, Je descends de Mon Trône, M'inclinant jusqu'à vous pour sauver votre âme du désastre et de la famine.

Pour l'amour de Mon Saint Nom, Je Me manifesterai par les choses-mêmes auxquelles vous ne croyez plus. Je manifesterai Mon Saint Esprit par des merveilles, par des miracles. Je manifesterai Ma Puissance à travers la faiblesse et la misère comme jamais auparavant.

Je viendrai, avec des milliers de myriades d'anges, déverser sur toi, génération, Ma Manne Céleste, cette Manne cachée *(Ap 2,17)*, et emplir vos bouches de Ma Nourriture afin que vos bouches proclament Ma Gloire.

L'Apostasie a défié Ma Miséricorde, et le Rationalisme, ce fléau de votre ère, a défié Ma Puissance.

J'envoie devant Moi, pour vous éduquer, la Femme vêtue du Soleil, la Seconde Eve, pour vous enseigner et vous mener pas à pas au Ciel. Je vous envoie Mon Saint Esprit dans cette Nuit pour être votre Compagnon et votre Consolateur, et vous rappeler Ma Parole. Je vous envoie une mission d'anges de l'espérance pour chasser vos craintes.

Venez écouter, vous tous qui êtes affamés.

Heureux l'homme que J'invite aux Noces de Mon Saint Esprit. Il sera comblé de Ma Nourriture Céleste, et bien que ses fautes l'accablent, Mon Saint Esprit les effacera, prenant Son repos en lui.

Comprenez, Mes bien-aimés, que Ma visite sur terre n'est pas pour vous condamner mais pour vous sauver.

Qui s'apprête à Me voir? Qui y portera attention? Qui reconnaîtra le Trône descendant des Cieux parmi vous? Ne résistez pas à Mon Saint Esprit de Grâce. Je suis toujours avec vous.

Priez avec ferveur pour la conversion de votre ère. Ouvrez vos cœurs et parlez-Moi. Voulez-vous M'offrir votre volonté?

O Ma Maison! Viens, viens à Moi et marche dans Ma Lumière. Pourtant, lorsque Je viendrai à Mon Grand Retour, trouverai-Je un peu de foi sur terre? *(Lc 18,8)* Aujourd'hui, Je parle en termes clairs, Mes petits enfants. Dans très peu de temps, l'Amour reviendra comme amour. Je reviendrai à vous et Je vous dis en vérité: si vous avez reconnu Mon Saint Esprit et L'avez vu, c'est parce que vous M'appartenez, alors que le monde ne peut ni Le reconnaître, ni Le voir, ni Le recevoir.

Ah! Mes petits, que ne ferais-Je pas pour vous? Je languis de vous voir fortifiés par les dons que Je déverse sur vous[118].

Recevez votre force dans la prière,
une prière constante adressée à Moi.

Je bénis chacun de vous, et toi[119] qui es venu(e) parce que ta croix t'écrase, appuie-toi sur Moi, bien-aimé(e), et offre-Moi ta détresse et ta souffrance. Je t'aime, Je viendrai à ton aide.

Glorifiez-Moi en louant Mon Nom.

---

118. Jésus a fait une pause, et a dit cela majestueusement, sans bouger.
119. Jésus S'adresse en particulier à une personne présente à la réunion.

Recevez le Souffle de Mon Saint Esprit sur vos fronts et soyez un sous Mon Saint Nom.

ΙΧΘΥΣ

13 mai 1991

— **Mon enfant, permets-Moi de parler à Mes enfants en Me donnant ton consentement pour utiliser ta main et ton temps.**

— Je suis liée à Toi par amour, Seigneur. Ne suis-je pas Ta propriété? Aussi, utilise-moi entièrement comme il Te plaît, mon Seigneur, car cela me fait vraiment plaisir. Esprit Saint, viens m'envahir…

— **Cité![120] que Je suis venu visiter pour proclamer, à travers toi, Mon Amour pour vous tous et pour guérir tes habitants malades, Je ne te laisserai pas périr coupable ni n'attendrai de te voir tomber en ruines; Je triompherai de toi; Je suis ton Roi, Je suis le Parfait; écoute-Moi, J'entends te modeler, génération, en un reflet de Ma Divinité. L'engeance de pécheur, Je la consumerai par un Feu rugissant. Ta génération aura ses noces avec Mon Saint Esprit** *(Ap 21,2)*, **et de Mon Feu brûlant, Je changerai la surface de cette terre en une Terre nouvelle, divine et prospère et le monde d'aujourd'hui aura disparu. Je vous rendrai tous, de Ma Flamme brûlante, aussi purs que l'or et aussi transparents que le cristal** *(Ap 21,21)* **parce que vos cœurs seront à Moi et en Moi. Moi et Mon Père Nous serons votre Demeure[121] et vous aussi serez Notre Demeure.**

---

120. Soudain et d'une façon inattendue, Dieu a changé de ton et Sa Voix a retenti avec une grande force, m'appelant «cité».

121. Allusion à Ap 21,22: le Temple, c'est le Seigneur, le Dieu Tout-Puissant et l'Agneau, en nous qui sommes Sa cité.

J'entends te rendre ta divinité, création, afin que Ma rayonnante Gloire soit en vous comme une torche flamboyante *(Ap 21,23)*. Alors, comme une sentinelle gardant un portail, Je vous garderai également de toute souillure qui voudrait entrer en vous *(Ap 21,27)*. Je ferai de chacun d'entre-vous une cité rayonnante. Je vous renouvellerai entièrement car c'est la manière par laquelle Je vous préparerai à épouser Mon Saint Esprit. Mon Saint Esprit fera Sa Demeure en vous, vous transfigurant pour devenir Sa Cité Sainte[122], Son Domaine et Sa Propriété. Le monde présent aura disparu et Ma Volonté sera faite sur la terre comme Elle l'est au Ciel. L'Amour descendra comme amour et Moi, le Dieu jamais vu, Je deviendrai visible à l'intérieur de votre cœur.

L'heure arrive où vous n'avancerez plus à tâtons dans l'obscurité puisque votre cœur sera illuminé par Ma rayonnante Gloire *(Ap 21,24)*. Ma Gloire deviendra visible dans vos cœurs.

Viens, Mon enfant, écoute maintenant Ma Mère. Reste près de Moi. Nous?

— Oui, Seigneur. Je suis séduite par Toi; séduis aussi les autres...

— Intercède pour eux, et ce qui est perdu, Je viendrai, J'irai à sa recherche et Je le sauverai *(Lc 19,10)*. Lis Isaïe 41,17-20. L'Amour t'aime.

ΙΧΘΥΣ

122. Lire Ap 21,1-3.

(Plus tard; message de notre Sainte Mère pour les groupes de prière:)

— Mes enfants, aujourd'hui J'appelle chacun de vous à examiner son cœur. Que votre tolérance soit votre témoin. Je vous implore de réexaminer vos cœurs. Le message de Dieu pour vous tous est la preuve de Sa Fidélité. Dieu ne Se manifeste pas pour vous juger; Dieu Se manifeste pour montrer Sa Fidélité dans votre manque de fidélité. Dieu cherche votre réconciliation. Il vient vous enlever à la Puissance des Ténèbres et vous montrer Son Règne sur la terre. Le Dieu jamais vu deviendra visible dans Sa Gloire dans vos cœurs. Et les choses du Ciel deviendront visibles dans vos cœurs, et les pâles reflets de ce que vous preniez auparavant pour des ombres, prouveront leur réalité. Le Règne du Royaume de Dieu sur terre est tout proche de vous à présent. C'est pour cela que Je vous implore d'être prêts pour ce Jour.

Si vous dites que vous êtes morts à vous-mêmes et aux principes de ce monde, interdisez à vos cœurs de papillonner dans le monde. Vivez pour Dieu et mettez-Le à la première place. N'ayez plus rien à faire avec les querelles, les disputes et les accusations. Ne laissez pas vos lèvres vous condamner. Craignez le Seigneur et la Sagesse viendra bientôt sur vous comme l'aurore. Le Seigneur cherche et désire un cœur sans partage. Je vous ai demandé et Je vous demande à nouveau de prier, prier, prier avec vos cœurs, une simple conversation avec votre Père qui est aux Cieux, parce que si Je vous demande aujourd'hui d'offrir à Dieu un cœur sans partage, c'est pour vous apprendre à rester fidèles aux principes que Je vous ai enseignés. Ce qui est valable aux Yeux de Dieu, c'est le cœur qui L'honore en restant exempt de toutes les tentations qui mènent au péché. Si vous avez discipliné vos corps par le jeûne, Je vous demande de discipliner aussi vos lèvres

à ne prononcer que des prières et des louanges au Seigneur. Ne permettez pas à vos lèvres de vous condamner. Posez votre cœur, votre esprit, vos yeux et vos lèvres sur Jésus et soyez entiers et sans partage. Je vous invite, chers enfants, à mettre toutes ces choses en pratique, sans cependant négliger les autres valeurs de la Loi. Et rappelez-vous que le Cœur de la Loi est l'Amour.
Je vous bénis tous.

18 mai 1991

— Jésus?
— Je Suis. Sois en paix, Ma petite. Il y en aura plus d'un que Je ramènerai à Moi. Je t'ai en effet appelée ici[123] parce que c'est là qu'ils ont besoin de Moi.

(Message pour Toulouse:)

— Je vous aime à la passion; souvenez-vous toujours de cela. J'attire à la Vie; Je ne repousse personne; pécheur ou injuste, vous êtes tous Mes enfants. Mon message est un message d'Amour, un appel à vos vraies fondations, un rappel de Ma Parole et de Mon Existence. N'ayez pas peur de Moi; craignez seulement celui qui prétend qu'il n'existe pas et qui, avec plus de malveillance que jamais, vous attire à la mort. Je suis la Lumière.
Viens. Dis-leur que ce message ne leur est pas donné pour faire sensation mais pour leur faire réaliser l'urgence, la gravité et l'importance de Mon Appel: l'urgence de leur conversion, la gravité de la condition de leur âme, l'importance de changer leur vie et de vivre saints, l'importance de Mes mes-

123. Jésus voulait que j'aille à Toulouse au lieu de Montpellier.

sages qui sont une nourriture spirituelle, un supplément nourrissant pour leur spiritualité, un baume médicinal pour les plaies qui leur sont infligées dans cette obscurité par le malin. Je veux que Mes enfants écoutent très attentivement tout ce que J'ai à dire.

Que Mon Esprit de Vérité vous guide, vous ramenant à la Vérité. Que Mon Esprit de Connaissance vous rappelle la Seule et Unique Vraie Connaissance que Moi-Même Je vous ai donnée.

Moi, votre Seigneur et Sauveur, Je bénis chacun de vous.

ΙΧΘΥΣ

23 mai 1991

— Yahvé, mon Dieu,
Tu répands à profusion Tes parfums sur moi.
Loué soit mon Yahvé.
Tu es mien et je suis Tienne.
Prête-moi Ton épaule pour que je m'y appuie,
indigne que je suis,
brise qui passe inaperçue pour ne plus revenir,
grain de poussière
enlevé par les premières gouttes de pluie;
permets-moi de me trouver
en Présence de Ta Splendeur.
A travers ce désert,
conduis-moi d'une main secourable,
ô Bien-Aimé.

— Vassula, même dans ta misère, Je parlerai aux nations à travers toi pour amener ta génération à Me proclamer ses louanges.

Génération, Je M'apprête à te paître.

Ma fille, chaque fois que tu M'appelles, Je descends de Mon Trône pour venir jusqu'à toi dans ta chambre pour te rencontrer. Sujette à la misère, tu as captivé Mon Amour Infini. Réjouis-toi! Réjouis-toi que ton Roi t'entende chaque fois que tu ouvres la bouche pour appeler Mon Saint Esprit à venir t'assister. Invoque Mon Nom, Mon enfant, et l'Amour te couvrira entièrement de Son ombre et te tiendra compagnie. Fais maintenant les délices de ton Roi en Lui faisant entendre encore une fois, de Son enfant frappée de pauvreté, ses vœux.

(Je me suis levée et j'ai répété mes vœux au Sacré-Cœur de Jésus.)

— Vassula de Mon Sacré-Cœur, J'accepte ta consécration; tes offrandes plaisent à Mon Cœur. Honore-Moi, Moi ton Dieu, en Me restant loyale et dévouée, à Moi qui suis ton Rédempteur.

25 mai 1991

— Jésus,
j'ai été charmée par Ta Perfection,
j'ai été séduite par Ta Beauté,
Ton Amour Ardent a assiégé ma fragilité
pour que je consente à devenir la victime
de Ton Amour,
mais comment aurais-je pu reculer
à la vue de tant de Beauté à la fois?
Ta Bienveillance me fascine tout au long des jours.
Quel sortilège y a-t-il dans Ton Amour?

— Bien-aimée de Mon Ame, tes yeux ont vu Ma glorieuse Majesté, tes oreilles ont entendu Mon Cantique d'Amour et

J'ai mis Moi-Même en toi Ma propre Lumière pour te faire Mienne à jamais. Je t'ai donné Mes Clous et Ma Couronne d'Epines pour te montrer Mon intimité avec toi. Je suis devenu ton Epoux, faisant de toi Mon épouse pour partager Ma Croix comme notre lit matrimonial. Ma Passion s'emparera de toi pour faire de toi une copie de Moi ton Epoux. Je suis ton consolateur, les jours de chagrin. C'est Moi qui t'ai choisie — et non toi qui M'a choisi — pour te montrer Mes Richesses inépuisables.

— Seigneur, que veux-Tu que je fasse pour Toi?

— Ramène Mon peuple à la vraie Foi basée sur l'amour. Prie pour que Mon Eglise soit une, exempte de tous maux. Expie, Ma fille, expie pour les péchés et les iniquités du monde qui offensent tant Mon Sacré-Cœur...

Ma fille et Mon épouse, regarde dans le Cœur de ton Sauveur, regarde à l'intérieur de ce Cœur qui t'a sauvée. Prends Mon Cœur, console-Le en M'aimant. Moi Jésus Je te baise le front.

ΙΧΘΥΣ

1er juin 1991

— Ma fille, laisse-Moi te prêcher. C'est Moi qui t'ai donné la Connaissance. Prie pour que Mon Royaume sur terre devienne comme Il est au Ciel.

2 juin 1991

(Ici, Jésus déchiffre le chapitre 21 de l'Apocalypse, une partie du chapitre 22 et le chapitre 11, versets 31 à 39 du livre de Daniel.)

— Mon Seigneur?

— Je Suis. C'est Ma façon de vous enseigner les choses du Ciel. Cela ne va pas sans labeur, Mon enfant, mais rassure-toi, tout ce que J'ai à dire sera écrit et lu. C'est la Sagesse qui t'enseigne, Ma Vassula. Je t'aime et Mon Amour pour toi est éternel.

(Message pour la réunion de prière du 29 juin 1991 en l'église Marie-Reine, Martigny, Suisse:)

— La Paix soit avec vous.

Bientôt, très bientôt maintenant, Je te dépouillerai de ton comportement d'autrefois, et de ton ancienne personne, création, pour te revêtir de Ma Divinité[124] et te rappeler la Vraie Connaissance. Aussi, Mes bien-aimés, écoutez Mon Saint Esprit.

Permettez-Moi de vous préparer tous afin que vous soyez prêts à recevoir Mon Royaume. Moi le Seigneur invite <u>tout le monde</u> à partager avec Moi et à voir Ma Gloire. Mon Cœur est malade d'amour pour toi, génération... Malheur à ceux qui porteraient toujours leur péché lové en eux comme on porte un enfant, lorsque Mon Jour viendra[125]!

Priez pour que tout le monde soit prêt lorsque ce Jour viendra. Souffrez pour vos frères qui vivent toujours dans l'obscurité et qui <u>ont rejeté Ma Gloire</u>[126] <u>pour une imitation sans</u>

124. Allusion aux Cieux Nouveaux et à la Terre nouvelle (Ap. 21,1).
125. Allusion à Mt 24,19.
126. Les impies qui ne croient plus au Sacrifice Perpétuel qu'est la Sainte Eucharistie, ni à la Résurrection.

valeur, celle-là même dont parle le prophète Daniel. Je vais vous parler en termes clairs, considérant l'état de votre âme et votre manque de Connaissance. Je ne viens pas de force sur vous avec Mon Saint Esprit, violer votre liberté, pas plus que Je ne viens vous condamner. Je viens à vous par Miséricorde vous donner à profusion la pleine Connaissance de Ma Volonté. A travers Ma Parfaite Sagesse, Je viens augmenter en vous la Connaissance que Moi-Même Je vous ai donnée.

Je ne viens pas ajouter de nouvelles choses à ce qui vous a déjà été donné, mais Je viens placer Mon Royaume au milieu de vos cœurs. Citadelles[127]! N'avez-vous pas compris? N'avez-vous pas encore compris que Moi, le Seigneur, Je vis en vous? N'avez-vous pas compris que vous êtes Mes sanctuaires? Lorsque Je vous parle des choses célestes, êtes-vous prêts à les recevoir? Ecoutez: l'Ecriture dit: «le zèle pour Ta maison Me dévorera». Effectivement, aujourd'hui à nouveau Mon zèle a atteint son zénith, et d'En Haut, le Feu descendra et dévorera Mes sanctuaires[128]. Je vous transformerai, Citadelles, en un état de Grâce dans lequel vous n'appréhenderez plus de désirer Ma Gloire, ni n'aurez peur d'admettre Ma Divinité[129]. Le Pillard [130] s'est infiltré en vous comme une fumée, vous qui êtes le sanctuaire de Mon Saint Esprit, le sanctuaire-citadelle de Ma Divinité. La fumée de Satan a pénétré par les gonds et les ouvertures, vous envahissant[131] dans votre sommeil parce que vous n'avez pas voulu Me reconnaître dans Ma Divinité,

127. C'est nous que Dieu interpelle, nous appelant «citadelles» (Dn 11,31-39). Nous sommes les maisons de Dieu, des citadelles pour Dieu.
128. C'est-à-dire nous. Allusion à Dn 11,31.
129. Dieu entend par là que les inconvertis et les incroyants qui refusent la Sainte Eucharistie et nient la Présence Réelle du Christ dans l'Eucharistie, Dieu les changera par sa Grâce.
130. Satan.
131. Cf. Paul VI (29 juin 1972): «Par quelque fissure, la fumée de Satan est entrée dans le temple de Dieu» (n.d.t.).

mais vous avez suivi plutôt vos propres idées irrationnelles. Je vous dis ceci: Je remplirai tes ténèbres de Ma Lumière parce que J'entends t'épouser, génération, avec Mon Saint Esprit *(Ap 21,2)*. Il a été dit que[132] le Rebelle vous nourrira de force un jour d'une portion de Rationalisme et l'autre jour d'une portion de Naturalisme avec l'intention d'abolir et d'éteindre le peu de lumière qui reste en vous, vous qui êtes Mon temple.

L'Envahisseur[133] a envahi beaucoup de Mes Citadelles[134] forçant en vous son abomination de la désolation[135] et abolissant en vous[136] Mon Sacrifice perpétuel[137] pour ériger à Sa place une imitation ne valant rien[138], une image d'homme mortel qui est une abomination dans Ma Sainteté[139].

Vous êtes Ma Cité Sainte[140],

et vous, vous qui avez permis à Mon Saint Esprit de vous inonder comme une Rivière[141], vous êtes Ma Nouvelle Jérusalem *(Ap 21,2)*, les Prémices *(Ap 14,4)*, ceux-là mêmes qui eurent constance et foi *(Ap 13,10)*. Et comme une rosée venant de Ma Bouche, comme des gouttes de pluie sur l'herbe, vous mettrez l'Espérance dans beaucoup de cœurs arides, parce que toute la rayonnante Gloire de Mon Cœur se

---

132. Lire les 2 Thessaloniciens 2,1-12.
133. Satan.
134. C'est-à-dire nous. Allusion à Dn 11,31.
135. Le matérialisme, le rationalisme conduisant à l'athéisme, aux sectes telles que New-Age, scientologie, etc.
136. Lire Dn 11,31-39; Ap 13,14-18; Ap 21,1-27.
137. Une fois que les gens tombent dans ces sectes ou dans l'athéisme, ils renoncent au Sacrifice Perpétuel qu'est la Sainte Eucharistie.
138. Les sectes, qui singent la parole de Dieu et n'ont pas la Sainte Communion.
139. Jésus pleurait.
140. Jésus a dit cela très majestueusement (Ap 21,2).
141. Lire Ez 47,1-12 et Ap 22,1-2.

reflétera en vous, vous faisant scintiller comme de précieux joyaux de diamant limpide comme le cristal *(Ap 21,11)*.
Je vous dis solennellement que beaucoup d'entre-vous qui n'êtes pas nés de l'Esprit recevront d'En Haut, par Ma Grâce, l'Esprit de Vérité. L'Esprit de Vérité descendra du Ciel dans toute Sa rayonnante Gloire et fera Sa Demeure en vous. Mon Saint Esprit vous épousera pour que vous deveniez Son épouse *(Ap 21,2)*, vous embellissant de Sa Sainteté, et soudain les choses Célestes deviendront visibles dans vos cœurs, et Mon Royaume jamais vu jusqu'alors par les cœurs, deviendra visible et limpide comme le cristal, dans toute Sa Gloire. Bien-aimés de Mon Ame, Citadelles, soyez bénis, vous qui serez trouvés irréprochables.
Je laisserai chacun s'émerveiller devant Mes prémices, et petit à petit, l'ancien monde disparaîtra *(Ap 21,4)* et s'usera comme un vêtement *(He 1,11)*. Seulement un tout petit peu de temps maintenant et tout ce qui avait été couvert sera découvert et tout ce qui avait été caché sera dévoilé devant vos yeux-mêmes. Ma Nouvelle Jérusalem! Vous qui êtes les prémices de Mon Amour, vous que Mon Saint Esprit a séduits par Mon Nouvel Hymne d'Amour, vous que J'ai épousés, allez dans les nations et chantez-leur Mon Nouvel Hymne d'Amour *(Ap 14,3)*. Œuvrez pour la Paix, semez les graines que Je vous ai données, soyez comme des arbres poussant sur les rives du Fleuve de Vie *(Ap 22,1)*; que vos feuilles soient un baume médicinal *(Ez 47,12; Ap 22,2)* pour les malheureux et que vos branches portent du fruit en sainteté.
Soyez Mes réparateurs de brèches *(Is 58,12)*, restaurateurs de Mes sanctuaires ruinés. Donnez à ceux qui étaient tombés dans les filets impies de Satan et qui étaient nourris de portions de Rationalisme et de Naturalisme, et Mon Eau curative coulant de Ma Poitrine, ce torrent qui jaillit de Mon Sanctuaire[142] vous comblera et vous guérira. Nul ne pourra

arrêter ce ruisseau. Le torrent continuera à jaillir à profusion de Mon Cœur. Il coulera partout, se répartissant en plusieurs bras, se séparant en plusieurs autres ruisseaux partant dans toutes les directions, et partout où ces eaux curatives couleront, TOUT LE MONDE, malade, estropié, aveugle, sera guéri; même les morts reviendront à la vie. Nul ne pourra M'empêcher de vous purifier.

Ah! bien-aimés, de rebelles, Je vous élèverai en prêtres lévitiques, d'êtres Me déshonorant, Je vous changerai en perles, en rayonnantes cités de lumière pour M'honorer. Et Je vivrai en vous, parce que vous serez revêtus de Ma Propre Sainteté.

Moi le Seigneur Je serai dans le pays des vivants; et à ceux qui étouffent Mon Saint Esprit et considèrent tout comme un non-sens, Je dis: J'ai des choses qui dépassent votre entendement; Je démontrerai la puissance de Mon Esprit et J'ouvrirai vos lèvres et vos cœurs pour Me clamer:

«Abba!»

L'Amour vous rendra parfaits. La Sagesse vous apprendra à reconnaître Mon Saint Esprit, et Je vous ferai également rejoindre les saints.

Je bénis chacun de vous, laissant Mon Soupir d'Amour sur vos fronts. Soyez un sous Mon Saint Nom.

ΙΧΘΥΣ

Et toi qui es Mon instrument choisi pour apporter Mon Amour devant les païens et les rebelles, continue ton périple avec Moi. Permet-Moi de t'appeler quand Je le désire. Je Suis est avec toi et t'aime. Viens.

---

142. Le Corps du Christ, Son Sacré-Cœur (Ez 47,12).

CAHIER 52

6 juin 1991

— Lorsque mon esprit se refroidit et que je tombe dans cette sorte de léthargie, Seigneur, et lorsque je deviens si peu disposée au dialogue avec Toi et à Te rencontrer de cette façon spéciale, est-ce que je me fane et me dessèche lentement comme une feuille, sous Tes Yeux-mêmes?

— **Je t'ai attendue... Je t'ai parlé, âme, mais tout ce que J'ai entendu de toi a été le silence... Donne-Moi ton attention, âme, J'ai tant à te dire susceptible d'éveiller ton intérêt. De la léthargie? Alors appelle-Moi! Je soufflerai sur toi et la glace fondra.**

— Seigneur, il y a des moments où la Lumière que Tu m'as donnée me semble disparaître derrière une fumée obscure.

— **Mon enfant, ta voix porte jusqu'au Ciel et jusqu'à Mon Trône, aussi, appelle-Moi à grands cris, et comme un éclair dans les nuages, Je répondrai: Nous[143] voilà, Nous allons exaucer ta prière.**

— Alors viens tout de suite me sauver. Remplis d'huile ma lampe, souffle sur moi pour me ranimer, imprègne-moi de Ton parfum de myrrhe, rends-moi parfaite en Ta Présence, montre Ta Gentillesse à mon égard...

— **Ne retiens pas ta question, parle, Mon enfant[144]!**

---

143. La Sainte Trinité.

— Ce que Tu fais pour moi avec tant d'Amour, de Fidélité et de Miséricorde, ne le feras-Tu pas pour chacun de Tes enfants, lesquels sont dans le besoin autant que moi?

— **Sois bénie[145]. Moi Dieu Je viendrai secourir chacun de vous. Je ne permettrai pas que Mon Eglise[146] dépérisse.**

Génération! J'entends te sauver… mais pas par menace ou désastre, colère ou blâme. J'entends te sauver, génération, en t'enveloppant de Mon Amour et de Ma Miséricorde pour couvrir ta nudité. Je t'envoie Mon Saint Esprit à profusion afin que ton esprit, plein de Mon Esprit, Me clame:

«Abba!»

Aujourd'hui, des larmes de Sang jaillissent de Mes Yeux à cause de la surdité de Ma création. Un esprit des plus obstinés a pénétré dans Mon Domaine[147]. Leur âme en eux est défaillante. Je regarde en ce qui fut jadis Ma Fidèle Cité[148] pour la voir devenir aujourd'hui celle d'une courtisane!

— Seigneur! Ton Règne n'a-t-Il pas déjà commencé?

— **Ecris ceci: «Heureux ceux qui sont invités au festin des noces de l'Agneau»** *(Ap 19,9)*. **Mon Règne a déjà commencé dans beaucoup de cœurs. J'ai épousé ces âmes, les rendant nouvelles[149], et Je vous dis: Mon Esprit de Vérité continuera à essaimer sur Ma création tout entière, et à assiéger Cité[150] après Cité, et les obscénités, les iniquités et toutes les impuretés qui se trouvent en eux, Moi, de Ma Propre Main, Je les**

144. Jésus semblait impatient d'entendre le reste de ma phrase, qu'à l'évidence Il connaissait pourtant de toute éternité…
145. Jésus semblait très heureux.
146. L'Eglise, c'est-à-dire nous.
147. Dieu entend par là: dans nos âmes; Son Domaine où Il habite, qui appartient à Dieu, doit être trouvé au fond de nos âmes.
148. C'est nous que Dieu désigne ici; Il nous appelle Sa «Cité».
149. Allusion à Ap 21,5: «Voici que Je fais toutes choses nouvelles.»
150. Dieu entend par là: âme après âme.

extirperai. Tout ce qui a été planté par la Folie, Je l'extirperai par le Feu que J'enverrai du Ciel.
— Ma fille, le premier ciel et la première terre disparaîtront *(Ap 21,1)* et chacun d'entre-vous sera renouvelé par l'Amour de Mon Saint Esprit; Je changerai la face de ce monde.
— Par le renouvellement de notre Eglise, entends-Tu le renouvellement de nous-mêmes, puisque c'est nous qui sommes l'Eglise, la Nouvelle Jérusalem?
— Mon élève, tu l'as bien dit: vous êtes tous Mon Eglise, Mon Sanctuaire-citadelle *(Dn 11,31)*, Mon Domaine, Ma Cité, Ma Propriété, Ma Jérusalem. Je renouvellerai Cité après Cité[151] par Mon Feu d'Amour. J'entends vous rassembler des quatre coins de la terre et vous guérir. J'entends brûler de Mon Feu la désastreuse abomination[152] installée à l'intérieur de Mon Temple[153]. La désastreuse abomination est: l'esprit de Rébellion qui prétend être Mon égal. C'est l'esprit du Mal qui s'est intronisé dans Mon Sanctuaire, prenant la place de Mon Sacrifice Perpétuel[154], rendant Impie votre génération. C'est l'esprit de Rationalisme et de Naturalisme qui a conduit la plupart d'entre-vous à l'athéisme. C'est cet esprit qui vous fait croire que vous êtes autosuffisants et que vous pouvez tout accomplir par vos propres efforts et par vos propres forces. Cette désastreuse abomination vous a transformés en une contrée desséchée, un pays de la soif, un désert. Mon Sacrifice Perpétuel, tu L'as aboli de ton sein parce que tu as perdu ta foi, génération.
Combien d'entre-vous ont-ils soif de Moi? Très peu viennent Me boire, alors que vous pouvez Me boire sans argent. Qui a faim de Moi? Vous pouvez M'obtenir gratis, absolument

151. Nous.
152. Dn 11,31; 12,11; Mt 24,15.
153. Le Temple, le Sanctuaire, c'est nous.
154. La Sainte Eucharistie, la Sainte Communion.

gratuitement. Cependant presque personne n'a faim de Me manger. Le mal a faussé votre entendement, rendant votre esprit fasciné d'absorber tout ce qui n'est pas Moi. Au lieu que vous absorbiez Ma Lumière, Satan vous a fait absorber ses ténèbres. Au lieu de devenir beaux et rayonnants, vous avez terni, dépéri, et comme des branches desséchées, vous êtes maintenant prêts à être coupés et jetés au feu pour être brûlés. N'ayez pas peur de Moi, Je suis le Fleuve de Vie. Je suis le Chemin vers le Ciel, Je suis la seule Vérité qui vous conduit à partager Ma Gloire pour l'Eternité. Temple de Dieu! Ma fille à Moi, marche avec Moi.

ΙΧΘΥΣ

12 juin 1991

— Seigneur, Tu traques mes persécuteurs, Tu les rattrapes et ils ne peuvent pas me toucher. Des étrangers[155] sont venus courtiser mes faveurs, mais cependant lorsque je viens chez les miens[156], comme la pauvreté à leur côté, comme un mendiant dans le besoin, leur raconter Tes Merveilles, on dirait que leurs oreilles sont fermées de sorte qu'ils n'écoutent pas Ton Nouvel Hymne d'Amour. Dois-je fouler seule au pressoir, sans qu'aucun des hommes de mon peuple soit avec moi?

— **Mon Propre Bras ne t'est-Il pas suffisant? Mes Propres Yeux qui veillent sur toi jour et nuit ne te sont-Ils pas suffisants? Ma fille, bientôt, Je leur montrerai Ma Sainte Face; J'inonderai ta patrie[157] de Mon Esprit, et des Fleuves se répandront, jailliront à flot. Je ne leur cacherai pas Ma Face…**

155. Des catholiques romains.
156. Les orthodoxes.
157. La Grèce.

Espère, Ma Vassula, espère... ton Roi n'abandonnera personne. Il viendra avec un baume curatif dans Sa Main et vous guérira un par un.
Réjouis-toi, Ma fille, réjouis-toi, J'ouvrirai leurs oreilles pour Ma Gloire! Viens. Les Mystères du Royaume des Cieux te sont révélés. Prie pour qu'Ils leur soient révélés à eux aussi.

ΙΧΘΥΣ

13 juin 1991

(Message de notre Sainte Mère:)

— Vassula? Veux-tu écrire Mes Paroles pour désaltérer ce désert?
— Oui, Sainte Maman, Mère de Dieu.
— Ecris[158], Ma fille:
Bénis de Mon Ame, bien-aimés de Mon Cœur, aujourd'hui Je demande à chacun de vous d'appliquer son cœur à marcher avec Dieu.
Dieu est votre Force, votre Vie et votre Bonheur. Nul ne peut vivre sans Dieu. Jésus est la Vraie Vigne et vous êtes les sarments. Coupé de la Vigne, un sarment sèche et dépérit immédiatement. Il n'est plus alors utile qu'à être jeté au feu. Marchez avec la Lumière et n'ayez pas peur de vous abandonner entièrement à Lui. Donnez-vous à Dieu et vos cœurs seront comblés de joie. Comprenez, enfants bien-aimés, que Dieu, en ces jours, vient vous sauver et vous dépêtrer des filets de Satan et vous ramener à Son Sacré-Cœur.
Nos Deux Cœurs sont unis en dépit des arguments et des dénégations du monde concernant cette Vérité, car ils n'ont

---

158. Message pour les réunions du 23 juin à Pistoia (Italie) et du 23 juin à Martigny (Suisse).

pas tous accepté cette Vérité, mais ils utilisent cette Vérité pour se combattre les uns les autres. Nos Deux Cœurs sont unis, et ensemble ont soif de votre salut, enfants.

Venez et écoutez-Nous cette fois: faites la Paix avec Dieu, réconciliez-vous. Levez vos visages vers Dieu et demandez-Lui d'emplir vos cœurs de Sa Lumière. Apprenez à aimer Dieu comme votre Père, Lui qui vous aime plus que quiconque peut imaginer, et vous envoie sans cesse de Son Cœur Sa Paix qui coule comme un Fleuve pour assouvir le désert intérieur de votre âme. Ne vivez pas seulement de paroles; agissez et vivez chaque mot qui vous est donné dans les Evangiles. Ne soyez pas morts à la lettre de la Loi; vivez-La. N'ayez pas peur si quiconque se moque de vous ou refuse de croire aux Merveilles que Dieu vous donne aujourd'hui, car Je vous dis: si quelqu'un vous réduit au silence, les pierres crieront[159] de toutes leurs forces. Seul Dieu peut vous donner la Paix et le Bonheur.

Je prie pour vous sans cesse afin que de pierres dures, les cœurs de cette génération puissent se tourner vers Dieu et être comme un jardin irrigué; d'un désert inhabité, une Cité Sainte remplie de la Lumière de Dieu, une Lumière venant de Dieu, et non du soleil ou de la lune *(Ap 21,23)*.

Lorsque la tempête sera finie et passée, les fleurs[160] écloront, changeant la surface de cette terre[161].

Moi, votre Sainte Mère, Je bénis chacun de vous.

---

159. Les images de Jésus et de Marie qui versent des Larmes de Sang sont des manifestations divines, alors que les hommes essaient d'étouffer le Saint Esprit (Lc 19,40).
160. Les fleurs : les prémices, les nouveaux convertis.
161. Allusion à Ap 21,1-3.

17 juin 1991

(Message pour la réunion de prière du 23 juin 1991 à Pistoïa, Toscane, Italie:)

— La Paix soit avec vous. Je suis venu jusqu'à vous pour vous dire:

Je suis là.

Bien-aimés, Mon Sacré-Cœur est en Feu. C'est pourquoi Je descends de Mon Trône pour venir jusqu'à vous, et vous offrir Ma Paix et Mon Amour. La Miséricorde est à vos portes.
S'il y eut deux genoux pour te recevoir avec un grand amour à ta naissance, et deux bras pour t'étreindre avec affection, Je te dis: J'ai fait plus que cela, J'ai sacrifié Ma Vie pour toi. Je suis la Source de l'Amour. Viens, renonce à tout ce qui souille ton âme et suis-Moi. Ne dis pas: «Ma façon de vivre est irréprochable.» Tu es sans beauté et sans majesté aussi longtemps que ton âme est souillée et imparfaite.
Viens, Je peux parfaire ton âme puisque Je t'offre à profusion et gratuitement Mon Sang et Ma Chair. Abandonne-toi à Moi; Je suis la Vie. Aujourd'hui Je descends soudainement sur vous, Je regarde autour de Moi et Mon Cœur est rempli de chagrin. J'avais jadis cultivé cette terre et Je l'avais transformée en un Jardin, avec les plus subtiles odeurs de ses fleurs, J'avais laissé derrière Moi des «prêtres lévitiques» pour le garder, Je leur avais confié Mes Intérêts, mais Mon Jardin, Je le retrouve négligé, Mes parterres de fleurs desséchés, Je suis entouré d'un désert sans fin, dévasté, où même les chacals ont de la difficulté à survivre. Les scorpions et les vipères sont les habitants qui prospèrent dans son aridité traîtresse, et si seul un reste de Mes agneaux est en vie, c'est parce que Je vous envoyais sans cesse Mes anges pour arracher Mes

agneaux des crocs de la vipère et de l'aiguillon du scorpion. Il M'avait été dit qu'à Mon Retour, Je trouverais toute Ma bergerie en sécurité et indemne, et Mon Jardin entretenu et arrosé, mais à peine suis-Je parti, Je n'avais pas plus tôt tourné le dos, qu'ils ont transformé Mon Jardin en un repaire de lézards et d'araignées…

Oh! viens! toi qui erres toujours dans ce désert en disant: «J'ai cherché mon Rédempteur mais je ne L'ai pas trouvé.» Trouve-Moi, Mon bien-aimé, dans la pureté de cœur, en M'aimant sans intérêt personnel, trouve-Moi dans la sainteté, dans l'abandon que Je désire de toi. Trouve-Moi en observant Mes Commandements. Trouve-Moi en remplaçant le mal par l'amour. Trouve-Moi dans la simplicité de cœur. Ne pèche plus, cesse de faire le mal, apprends à faire le bien; recherche la justice; aide l'opprimé. Que ce désert et cette aridité exultent. Que ta tiédeur s'embrase en une flamme ardente. Renonce à ton apathie et remplace-la par la ferveur. Fais toutes ces choses afin que tu puisses dire: «J'ai cherché mon Rédempteur et je L'ai trouvé. Il était près de moi tout le temps, mais dans mon obscurité, je n'ai pas réussi à Le voir. O Gloire à Dieu! Béni soit notre Seigneur! Comment ai-je pu être aussi aveugle?» Alors Je te rappellerai de garder et chérir Mes Principes afin que tu puisses vivre. Je viendrai comme la foudre, comme un éclair dans les nuées avec Mon Saint Esprit, essuyer les larmes de chaque joue. Aussi, courage, Mes bien-aimés, l'Amour reviendra comme amour.

Moi le Sacré-Cœur, Je vous bénis tous, laissant Mon Soupir d'Amour sur vos fronts. Soyez un sous Mon Saint Nom.

ΙΧΘΥΣ

18 juin 1991

— Sacré-Cœur, Tu es le Thème de ma vie. Tu es à mon côté, toujours prêt à m'aider. Maintenant que Tu as fait de moi Ta propriété et que Tes Bras sont mon enclos, que puis-je demander de plus? En un clin d'œil, Tu as balayé mes accusateurs et le feu qui m'entourait a disparu! Seigneur, Tu m'as à nouveau donné une vision de Ton Sacré-Cœur: j'avais de la peine à réaliser que c'était un cœur! Ton Cœur m'est apparu comme une seule grande plaie... A peine avais-je quitté du regard mes oppresseurs que j'ai découvert qu'un autre feu s'est allumé: déjà une autre plaie sur Ton Cœur, une autre grande épine dans Ta Tête, mon Jésus... Cette fois, je vais Te proposer un marché. Si Tu me le permets, voici ce que je propose: retire cette grande épine de Ta Tête et place-la plutôt sur moi. Je la garderai jusqu'à ce que le Père accorde à ce prêtre la Grâce et la Lumière dont il a besoin pour comprendre son erreur, pour comprendre que j'appartiens bien à Toi.

— Vassula, qu'il en soit ainsi. Qu'il en soit comme tu le demandes; J'accepte ton sacrifice; Mon enfant, sois bénie. Je ne suis pas seul à avaler Mes larmes: ta Sainte Mère pleure également. Viens à Nous de cette façon, en partageant. Cette tempête aussi sera calmée. Le Père voit tout, Mon enfant. Je retournerais des vallées entières et Je déracinerais également des montagnes si elles étaient et devenaient une menace pour Mes Poèmes d'Amour, Poèmes d'Amour qui sont un appel à votre conversion.

Mes Messages d'Amour iront de l'avant.

L'étreinte de Satan maintenant se desserre et bientôt sur sa bouche Je placerai une muselière.

L'Amour est tout le temps près de toi; et Il scrute Sa chambre[162] de temps en temps pour vérifier que tout soit en ordre

dans cette chambre où Il prend Son repos. Je suis Yahvé. Ma fleur, Saint Bède est à ton côté.

— Qui est-ce[163]?

— Yahvé t'aime.

22 juin 1991

— Ah! comme l'Amour et la Miséricorde me couvrent et me bénissent sans cesse! La Sagesse est mon Maître personnel et Elle nous instruit, moi et les autres. Ta Sainte Présence, plus constamment que jamais à mon côté, me rassure et me donne espérance et courage. Ah! Yahvé mon Père, je languis de Toi. Comme je languis de Toi! Yahvé mon Abba, Tu m'as séduite jusqu'à la moelle…

— Je t'ai prêché Ma Connaissance. Apprends de Ma Bouche, gratuitement. Un jour, entre Mes Mains tu remettras ton esprit.

— Seigneur, de même que Tu m'as fascinée par la Grâce, fascine aussi par la Grâce le reste du monde, notamment les païens, les impies et spécialement ceux qui prétendent être des dieux à cause de leur sagesse et qui prétendent être Tes égaux.

— Je leur viendrai en aide. Ils gisent maintenant impuissants, pris dans les filets de Satan. Mais il te faut prier pour tes frères afin qu'à eux aussi Je puisse révéler Ma Sainte Face.

162. Sa chambre : notre cœur, le lieu de repos de Dieu.
163. Saint Bède le Vénérable (Durham, Angleterre, 673 — Monastère de Jarrow, 735), prêtre et théologien très vénéré, docteur de l'Eglise, fêté le 25 mai (note du traducteur).

27 juin 1991

— Viens, travaillons. Mets ta foi en Moi.

Il a été dit qu'avant Mon Grand Retour, des signes vous seraient donnés. Vous devez observer ces signes qui préludent à Mon Jour de Gloire. En lisant attentivement les Ecritures, on peut découvrir toutes ces vérités. Comment se fait-il que vos esprits ne soient pas ouverts à comprendre les Ecritures? Venez maintenant et comparez. Maintenant écoute-Moi, Mon enfant: ta génération est prospère dans sa rébellion. Comme ils ont apostasié! Pour Ma part, J'ai multiplié Mes appels, Mes avertissements; Je vous ai fait signe jour après jour, J'ai multiplié Mes Bénédictions. Mais Je n'ai obtenu aucune réponse. J'ai dit: «En trouverai-Je un seul lorsque Je viendrai?» Pourquoi aucun ne répond-il lorsque J'ai appelé? Mais au lieu d'une réponse à Ma supplication, vous M'avez tourné le dos. Tout ce que J'entends est: «A qui croit-Il que Son Message est destiné?» Comme ils se rebellent et comme ils blasphèment Ma Divinité! Mais nul ne peut retarder le Temps Fixé, ni l'Heure; Ils feront irruption sur eux, aussi soudainement qu'un coup de tonnerre.

Aujourd'hui, Ma fille, l'Antéchrist, c'est l'esprit de Rébellion donné par Satan, comme le définit l'Ecriture: le Rebelle[164], qui est la désastreuse abomination installée dans Mon Temple, dont a parlé le prophète Daniel;

chacun de vous est Mon Temple...

Celui que les Ecritures appellent Rebelle et qui est défini comme la désastreuse abomination est l'un des deux signes précédant la fin des Temps. L'autre signe est votre grande apostasie.

---

164. Lire 2 Th 2,1-12.

Ton ère, Mon enfant, a renoncé à Me donner l'adoration qui est votre dû envers Moi, mais qui est aussi votre Vie. Le plan de Satan était de conquérir cette ère en vous faisant croire que vous pouvez vous passer de Moi. Ainsi l'esprit de Rébellion qui est l'Antéchrist est entré dans Ma Demeure[165]. C'est l'esprit d'Anarchie, pour ne pas dire plus, et aujourd'hui il s'est installé au cœur même de Mon Sanctuaire[166]. Cet esprit de Rébellion est celui qui fait clamer ceux qui l'ont: «Je suis un dieu!»[167]

Les hommes ont fait défection et dans leur défection, la voie s'est ouverte pour que Satan pénètre en eux et les conduise tous à une mort violente. Cet esprit de Rébellion, qui dévaste l'âme, l'esprit et le cœur, est l'Ennemi dont a parlé l'apôtre Paul, celui qui prétend être tellement plus grand que tout ce que les hommes appellent «dieu», tellement plus grand que tout ce qui reçoit l'adoration *(2 Th 2,4)*, celui qui dit: «Je rivaliserai avec l'Autorité.»[168] Ils se sont ainsi intronisés à Ma place et ont promulgué leur propre loi pour faire la guerre à Ma Loi et à tout ce qui vient de Mon Esprit. Jour après jour, heure après heure, ils continuent à Me chagriner et à offenser Mon Saint Esprit. O poussière et cendres, vous qui avez chassé de vous Mon Sacrifice Perpétuel, vous voulez donc mourir? Pourquoi rivalisez-vous avec Moi? Pourquoi reniez-vous Mon Saint Esprit de Grâce?

Quiconque Me renie est l'Antéchrist, car il renie le Père, le Fils et le Saint Esprit qui sont Un et le Même parce que Nous sommes tous Trois en accord *(1 Jn 5,8)*. Aujourd'hui, beaucoup d'entre-vous nient l'effusion de Mon Saint Esprit. Les

165. Dans nos âmes.
166. Le fond de nos cœurs.
167. Is 14,14 ; Ez 28,2 ; 2 Th 2,4.
168. Allusion à Is 14,14 : Je rivaliserai avec le Très-Haut.

grâces et les dons que Mon Saint Esprit vous donne par Mon Infinie Générosité, sont ignorés et supprimés. Ces gens nient et rejettent tous les dons de Mon Esprit. Beaucoup conservent les apparences extérieures de la religion mais rejettent la puissance intérieure de Mon Eglise[169], la puissance intérieure qui est Mon Saint Esprit. Ils disent: «J'ai conservé ma foi; tout ce qui doit venir maintenant, c'est la récompense de ma droiture.»

Je vous demande: avez-vous fait tout ce que vous pouviez pour vous présenter devant Moi? J'ai essayé de vous réveiller pour vous dire que vous êtes comme un fleuve asséché et que tout ce que vous dites est creux. Et lorsque le pécheur est converti par Mon Saint Esprit, à peine est-il entré dans Ma Maison, à peine a-t-il découvert les Trésors de Mon Cœur réservés pour vous tous, que vous lui tombez dessus comme une tempête pour le persuader de retourner à l'impiété. Lui qui vient d'échapper à la rébellion, vous tentez d'en refaire un rebelle.

Au Jour du Jugement, Je vous dirai: vous ne M'avez pas cru mais vous M'avez fait passer pour menteur, parce que vous ne vous êtes pas fiés au témoignage que Je vous avais donné concernant l'Avocat, le Rappel de Ma Parole, oui, Mon Saint Esprit de Vérité, Celui-là Même que vous n'avez jamais cessé d'ignorer et de persécuter, que vous n'avez jamais cessé de nier et de supprimer. Au lieu de vous joindre aux saints qui acclamaient et louaient Mon Saint Esprit avec des bénédictions et des cris de joie, vous les avez sans cesse chassés et persécutés, accrochés que vous étiez à votre illusion de piété. Vous Me provoquez, avec vos constantes dénégations... Comment alors pourrais-Je ne pas laisser les pierres manifes-

169. Voir message du 15 avril 1991 (cahier 51).

ter Mon chagrin[170]? Vous interdisez à Mes prémices d'acclamer Mon Saint Esprit, c'est pourquoi Je vous dis: *(Lc 19,39)* **«Si ceux-ci gardent le silence, les pierres crieront» Mon chagrin.**

Ce que J'ai dit jadis à Jérusalem, Je vous le dis maintenant avec douleur: «Si seulement vous aviez compris à votre tour la Splendeur de Mon Message de Paix! Mais hélas! elle est cachée à vos yeux!» Si seulement, à votre tour, vous aviez saisi la Splendeur de Mon Saint Esprit déversant bénédiction sur bénédiction sur vous tous… Mais hélas! vous n'avez ni vu ni entendu l'Avocat, le Saint Esprit que le Père envoie en Mon Nom, vous enseignant et vous rappelant toutes les vérités que Je vous ai données parce que le prince de ce monde utilise votre liberté pour provoquer votre chute.

— Seigneur, montre-leur aussi Ta Miséricorde et, comme Tu T'es fait entendre de moi, fais qu'eux aussi T'entendent. Et comme Tu m'as montré Ta Beauté, me laissant éblouie, montre-leur aussi Ta Perfection.

— Ils n'écoutent pas. Ils écoutent seulement leur voix. Même lorsque Mes Larmes coulent devant eux, il n'y a pas de réponse. Je suis parti dans toutes les directions pour trouver un moyen de briser leur surdité et de leur dire de venir à Moi et de baser leur force sur Moi afin que Moi à Mon tour Je les conduise à la sainteté pour leur permettre d'hériter Ma Lumière.

Je suis le Très-Haut qu'ils trahissent si méchamment et Je suis le premier à leur pardonner, pour autant qu'ils aient un moment de regret… mais aussi longtemps qu'ils maintiennent leur attitude d'autosuffisance, ils ne M'entendront pas

170. Allusion aux nombreuses manifestations d'images et de statues de Jésus et de Marie qui pleurent de vraies larmes et parfois du sang.

ni ne pourront voir combien Je révèle aujourd'hui entièrement et comme jamais auparavant Ma Sainte Face au monde entier[171].
Moi le Seigneur Je vais continuer à briller sur toi, création, et Je répandrai Ma Lumière sur toute la face de cette terre. Votre détresse, le soleil qui s'est obscurci et la lune qui a perdu sa clarté[172] en votre ère, vous conduisant à apostasier dans votre obscurité, bientôt tout cela sera fini. J'entends changer vos marécages[173]en un jardin, changer la nuit en jour, vos cités[173] qui ne sont plus maintenant que décombres, en cités de Lumière, vos autels[173] brisés seront rebâtis et de vos temples[173], Moi, de Ma Propre Main, J'en poserai les fondations. La création tout entière, Je la ferai nouvelle *(Ap 21,5)*.

Je vous renouvellerai tous par Mon Saint Esprit.

Viens, Vassula, Mon agneau. Tout sera écrit, comme Je veux que tout soit écrit. L'Amour est à ton côté.

ΙΧΘΥΣ

6 juillet 1991

— Seigneur, guéris-moi.
— Si tu M'écoutes attentivement et si tu ne M'opposes aucune objection, aucun rival ni aucun doute, si tu viens et que tu admets que tu es une pécheresse et que tu ne montres aucune hésitation au repentir, Je te guérirai. Tu M'appartiens et Je t'ai donné Mon Cœur, c'est pourquoi Je désire que tu crucifies tout ce qui est toi. Que les seules marques de ton

171. Allusion à Jl 3,1.
172. Allusion à Mt 24,29.
173. Nous.

corps soient celles que J'ai sur le Mien. Si tu vois des empreintes de pas qui ne M'appartiennent pas, ne les suis pas. Les Empreintes de Mes Pas sont maculées de Sang et parfumées de myrrhe. Entendrais-tu quelque chose de quelqu'un revêtu de robes somptueuses, laisse cela mourir avec lui, et ne prête aucune attention à ce qu'il dit. Moi ton Sauveur, Je suis vêtu de haillons faits de sacs *(Ap 11,3)*, **et Je marche pieds nus. Mon manteau est trempé de Sang et Mon Cœur est couvert d'un Feu ardent. Mes Lèvres sont desséchées par manque d'Amour.**

— Seigneur, guéris chacun, guéris tout le monde!

— Remplis Mon Cœur de joie en priant pour tous ceux dont les cœurs sont fermés à la raison et à Ma Sagesse.

— Pour cette raison, Seigneur, attire-nous près de Toi. Nous sommes si fatigués de marcher dans cet exil...

— De Ma Bouche, Ma Rosée soulagera votre cœur. Je vous délivrerai de vos douleurs. Mes Yeux considèrent le monde; Ils scrutent chacun de vous.

Descendrais-Je maintenant, que J'en trouverais seulement une poignée portant Mon Signe sur leur front. Les Cieux, Je Les ai ouverts au prix de Ma Vie afin qu'Ils soient aussi les vôtres. Je vous demande: Quel homme s'accroche à la mort et non à la Vie? Cependant, combien de temps encore continuerez-vous à ne pas entendre raison? Pour toujours? Combien de temps encore rejetterez-vous Mon Amour, reniant et offensant votre Oint? La Droiture et la Justice sont assises sur le Trône qui s'en vient du Ciel parmi vous, pour vous dire que le chemin de votre chambre dans le Ciel, le Foyer de la Lumière, passe par Moi. Si vous vous abandonnez à Moi, Je vous montrerai le chemin du Foyer. Si vous faites confiance à Mon Amour, Je vous amènerai à la Chambre de Celle qui M'a conçu, pour vous soigner et vous ramener à la santé. Je n'attache pas une corde autour de votre liberté, Je vous lie

seulement avec des guirlandes d'Amour. Je vous aime d'un Amour Infini et Ma Tendresse pour vous est une Source Inépuisable.
Ecoute, Ma fille, dis cela aux étrangers et aux tiens: dis-leur combien Mon Cœur souffre par manque d'amour.

ΙΧΘΥΣ

8 juillet 1991

(Message pour les prisonniers du Centre de détention de Kansas City, U.S.A. où Jésus m'envoie témoigner le 15 juillet 1991:)

— Voici que c'est Moi Jésus de Nazareth qui descends vous parler à travers ce faible instrument.
Je vous dis: le monde n'a pas encore pleinement connu la Paix que Je vous ai léguée, parce que le monde a rejeté Mes Chemins de Droiture. J'ai dit que dans le monde, vous aurez des difficultés, mais vous n'êtes pas seuls, JAMAIS; Je suis avec vous chaque minute de votre vie. Je suis plus présent que jamais, bien-aimés de Mon Ame.
Aujourd'hui Je vous envoie jusqu'au seuil de votre porte cet instrument qui est le Mien.
Ce n'est pas elle qui a choisi de venir à vous, non, c'est Moi qui ai décidé de vous l'envoyer. Et par conséquent, ce qu'elle vous lit, c'est Moi qui vous le dis:
Mes petits enfants, Mon Retour est imminent; Je vais revenir à vous. L'Amour va revenir comme Amour. Je vous ai dit cela maintenant, avant que cela arrive, afin que lorsque vous verrez l'évidence de Mes Paroles, vous croyiez. Venez à Moi tels que vous êtes; n'attendez pas d'être saints pour tomber dans les Bras de votre Sauveur, venez à Moi tels que vous êtes et Je vous pardonnerai vos péchés qui lient votre âme.

Ah! création! La Miséricorde Se courbe jusqu'à toi. Approchez-Moi, n'ayez pas peur de Moi; un homme ne peut avoir de plus grand amour que d'avoir donné Sa Vie pour ses amis; vous êtes Mes amis.

Ne dis pas: «Que puis-je dire? Comment puis-je parler? De l'aurore à la nuit et de la nuit jusqu'à l'aurore j'appelle, mais nul n'entend mes supplications. Qui m'entendra jamais?» car Je te dis: Moi le Dieu Vivant, Je t'ai entendu. C'est Moi qui viens dans ta chambre te dire, Mon Cœur dans Ma Main: Je t'aime, Mon enfant et Je t'apporte Mes Bénédictions pour qu'Elles fleurissent dans ton cœur. Mon enfant, prends Mon Sacré-Cœur, Il est tout à toi. Prends ce Cœur qui t'aime; ne Le refuse pas. Je suis Celui qui t'aime le plus. Regarde, Mon enfant, lorsque tu vois des empreintes de pas qui ne sont pas les Miennes, n'y mets pas les pieds, car elles te conduiraient seulement à ta mort. Les Empreintes de Mes Pieds, Mon enfant, montrent que Je suis nu-pieds, Elles sont maculées de Mon Sang et parfumées de myrrhe. Mon enfant, les Cinq Plaies de Mon Corps sont à nouveau grandes ouvertes et Mon Manteau est trempé de Sang. Je suis vêtu de sacs et en haillons à cause des iniquités et des péchés de cette génération; Mes Lèvres sont plus sèches que du parchemin par manque d'amour. L'amour manque. De ce fait, cette génération amoncelle trahison sur trahison et Me ramène sans cesse à la Croix pour être recrucifié.

C'est toi que Mon Cœur cherche; c'est toi qui peux Me consoler. C'est toi qui peux être un baume pour apaiser Mes Plaies. C'est pour toi, Mon bien-aimé, que Mon Cœur crie, pour t'atteindre; viens: Moi Jésus Je te porterai sur Mes Epaules et Je te mènerai dans Ma Maison qui est aussi ta Maison. Donne-Moi ton amitié, traite-Moi en ami et Je deviendrai ton Saint Compagnon chaque jour de ta vie. Moi le

Seigneur Je ne priverai personne de Ma Miséricorde ni de Mes Grâces.
Je vous bénis tous du tréfonds de Mon Sacré-Cœur.
Moi Dieu Je suis avec vous.

ΙΧΘΥΣ

12 juillet 1991

— Mon Seigneur?
— **Je Suis. La Paix soit avec toi. Laisse-Moi Me réjouir, et fais-Moi sentir que ton oreille M'est ouverte. Ame, sens Ma Présence, Je Suis est avec toi chaque minute de ta vie. Vassula, dis-Moi: es-tu heureuse d'être avec Moi de cette façon?**
— Oui, Seigneur, très heureuse. Je Te bénis.
— **Fais Mes délices en essayant de suivre Mes Lèvres lorsque Je te parle, lorsque Je Me penche sur toi, lorsque Je te regarde; ne prétends pas que Je ne suis pas là. Ma fleur, lève la tête vers Moi et absorbe Ma Lumière. Je t'embellirai, Je revivifierai ta tige. Paix, Je te donne Ma Paix. Permets-Moi de t'utiliser comme Ma tablette rien qu'un tout petit peu de temps encore, et puis... et puis Moi, ton Sauveur, Je te cueillerai et Je te transplanterai dans Mon Jardin pour toujours et à jamais.**
— Aide-moi pendant la conférence[174].
— **C'est Moi qui parlerai, tu n'as pas de souci à te faire, Ma fille, compte sur Moi. Je vais délivrer beaucoup d'âmes; Moi ton Rédempteur, Je vais ressusciter beaucoup de cœurs pour M'adorer. Prie sans cesse, dialogue avec Moi. Bénis-Moi souvent pour tout ce que Je te donne. Tu seras toujours mise à l'épreuve; c'est, Ma bien-aimée, pour ta croissance. Je désire**

174. A Pittsburgh, Penn., U.S.A.

stimuler ton désir à Mon égard, ta soif de Moi et… ah! que ne ferais-Je pas pour ton âme, pour sa perfection. Dussé-Je te faire endurer cent coups de fouet, à t'en faire presque mourir, pour la perfection de ton âme, Je le ferais sans la moindre hésitation pour te sauver.

— Seigneur, cela pourrait peut-être conduire une âme à tout abandonner.

— **Douterais-tu de Ma Sagesse?**

— Non, mais peut-être que certaines âmes pourraient ne pas l'accepter.

— **Je connais la capacité de chaque âme, aussi aie confiance en Moi. Rappelle-toi encore une chose; veux-tu Me glorifier?**

— Oui.

— **Pour Me glorifier, tu dois passer par Ma Crucifixion. J'ai plus que jamais besoin d'âmes-victimes. Prie plus souvent et plie-toi à Mes requêtes. Abandonne-toi à Moi et offre-Moi ta volonté afin que J'accomplisse en toi Mes Œuvres Divines. Porte Ma Croix quand Je suis fatigué et console Mon Cœur qui souffre de manque d'amour. Abba est près de toi tout le temps. Fais Mes délices en Me bénissant.**

16 juillet 1991

— Mon Seigneur?

— **Je Suis. Ma petite, ne te décourage pas dans cet exil. Je suis à ton côté pour t'aider à porter ce fardeau; viens te reposer dans Mon Sacré-Cœur. Fais-En ton Oasis alors que** tu traverses ce désert. Je ne t'abandonnerai pas, ni ne te négligerai. Je suis ton Espérance et ton dur labeur ne sera pas en vain. Très chère âme, Je t'offre Ma Patience; saturée par Mon Amour, oh! que ne ferais-Je pour toi... Le long du chemin que tu devais parcourir, J'ai disposé pour toi un tapis de roses.

Je ne dissimulerai pas combien Moi votre Sauveur Je vous aime. Aujourd'hui, Je suis en train de révéler Mon Amour Jaloux à toute l'humanité; Je vous révèle Ma Sainte Face pour vous rappeler d'être saints et de vivre saintement. Vous M'appartenez, créés de la Source de Mon Amour Sublime, destinés à avoir un fondement éternel en Moi et à être l'image de Ma Nature Divine; jamais la mort ne vous était destinée, mais vous avez accepté les puissances d'en bas, génération.

Ma fille, Moi le Très-Haut, J'avais prévu la trahison de Mon Eglise et les supplices que subirait Mon Corps. Aujourd'hui, le soleil ne vous donne pas la lumière du jour, pas plus que la lune ne brille sur vous[175]; Satan a recouvert la terre entière de sa fumée; vous avez apostasié... Mon Sacrifice Perpétuel, vous en avez fait un sujet de moquerie, une imitation ne valant rien, une désastreuse abomination. Vous conciliez la Vérité avec le Mensonge, vous êtes coupables de blasphème... Ma Sainte Présence dans Mon Tabernacle vous dérange, aussi vous avez établi votre propre loi, M'expulsant hors de Mon Trône[176]. M'avez-vous demandé Mon consentement avant de le faire? Mais ce sont les signes des Temps: votre grande apostasie et l'Esprit de Rébellion, qui est l'Antéchrist de vos jours et l'abomination de la désolation.

175. Allusion à Mt 24,29.
176. Jésus désigne par là la nouvelle mode consistant à placer le Saint Tabernacle soit de côté, dans un coin de l'église, ou caché derrière, dans un réduit, hors de la vue des fidèles, dans un isolement complet, sous prétexte que Dieu S'y trouve en sécurité.

Ah! Vassula, mets en pratique tout ce que Je t'ai donné et partage Mon agonie, Mon enfant. Tout ce que Je veux est l'amour, la fidélité et la miséricorde[177].

Je Me sens trahi comme lorsque Judas M'a trahi.

— Viens, mon Seigneur, Te reposer dans les cœurs qui T'aiment.

— Ma fleur, Je te le dis: si Je révèle Mon Saint Esprit de cette façon à l'humanité, c'est pour vous sauver et pour vous rappeler Ma Parole. Le Saint Esprit de Vérité est Mon Témoin, Il n'apporte rien de nouveau, mais Il vous donne la Vérité Fondamentale que Moi-Même Je vous ai donnée.

New York, 18 juillet 1991

(Fête de Notre-Dame du Mont Carmel. Rencontre avec Conchita, voyante de Garabandal.)

— Mon Seigneur,
je Te remercie pour tout ce que Tu m'as donné;
je ne pourrai jamais assez louer Ton Saint Nom!

— L'Amour est près de toi. L'Amour Se repose sur toi. L'Amour accomplira une chose après l'autre en son temps. N'aie pas peur. Ton Sauveur est comme un veilleur, te gardant sans cesse. Le Plus-Haut ne t'abandonne pas. Ecoute-Moi; depuis longtemps, J'ai préparé cela. Avant même que tu sois née, Je l'avais projeté et maintenant Je le réalise. Tu vois? Je t'envoie à Mes enfants afin que tu leur donnes tes nouvelles et pour les encourager à fond. Aie foi en Moi. Compte sur Moi. Je connais tes épreuves et ta misère, mais bientôt, très

177. Les Lèvres de Jésus tremblaient alors qu'Il essayait de retenir Ses Larmes.

bientôt maintenant, Je viendrai renverser le rebelle et régner dans tes cœurs, génération. Le Royaume de Dieu est bientôt avec vous.
Je bénis Mes chers enfants de Garabandal.
Apprenez que Je Suis est à votre côté.

ΙΧΘΥΣ

(Notre Sainte Mère m'a demandé de lire à tous 2 Co 1,10-11.)

19 juillet 1991

— Vassula, tout compte fait, tu n'es rien, mais même un rien Me donne tant de délices! Te parler, que tu M'aimes comme ton Saint Compagnon Me procure tant de bonheur! Je te garderai et Je te placerai dans Mon Cœur. Je t'aime. Aie Ma Paix.

Table des matières

Autres livres sur Vassula disponibles au Parvis

La vraie vie en Dieu

Vassula. Entretiens avec Jésus

Tous les messages de Jésus à Vassula Ryden, mère de famille grecque orthodoxe. Ce sont les ouvrages de base, la source par laquelle Jésus s'adresse à nous.

Présentation de René Laurentin, 14x21 cm

Tome 1 et 4 (par tome): *FF 100.- SFR 25.- FB 630.-*

Tome 2 et 3 (par tome): *FF 120.- SFR 30.- FB 750.-*

Suppléments 1 à 4 + 6 à 8 (par supplément): *FF 40.- SFR 10.- FB 250.-*

Supplément 5: *FF 50.- SFR 12.- FB 315.-*

Suppléments 9 et 10 (par supplément): *FF 65.- SFR 15.- FB 400.-*

N'éteignez pas les œuvres de l'Esprit!

Esprit de prophétie, apparitions, signes et miracles dans «La vraie vie en Dieu» de Vassula Rydén

Comme au temps de Jean-Baptiste et de Jésus, accueillir un «envoyé de Dieu» n'est jamais chose facile. En butte à de multiples hostilités envers sa mission, Vassula s'en rapporte à Dieu. Et l'Esprit lui répond... Et, à travers elle, l'Esprit nous répond... Ayant constaté ce fait, l'auteur, R.-M. Vincente, a recherché dans les messages de Vassula ce qui a trait à l'Esprit de prophétie, notamment à propos du rôle qui est dévolu au prophète dans le plan divin du salut des âmes. Il a voulu savoir pourquoi l'Esprit accorde actuellement des signes en si grande abondance et quelle signification leur attribuer. Un livre très pertinent qui offre une vue d'ensemble sur l'œuvre de cette grande mystique!

par R.-M. Vincente., 304 pages, 14x22 cm *FF 100.- SFR 25.- FB 630.-*

L'énigme Vassula

Vassula remplit de vastes salles avec des auditoires fervents au moment même où les églises sont désertées. Qu'est-ce qui fait courir les foules? Qui est vraiment Vassula? Pourquoi certains prêtres sont-ils convaincus qu'il s'agit d'une révélation authentique? Pourquoi le Vatican a-t-il mis les catholiques en garde contre l'action de Vassula? Ce livre a été rédigé sans parti pris, à partir d'une série d'entretiens que Vassula a accordés à Jacques Neirynck. Le point de vue de ce scientifique et journaliste apporte un éclairage nouveau.

par Jacques Neirynck, 176 pages *FF 115.- SFR 28.70 FB 750.-*

Vassula médiatrice de l'unité des chrétiens

Un des thèmes les plus forts de la mission de Vassula est la gravité des divisions entre les Eglises, l'urgence d'œuvrer pour l'Unité de l'Eglise, et l'importance du mouvement œcuménique.
Le Père Michael O'Carroll traite ici également des signes extraordinaires qui accompagnent sa mission, les grâces spéciales, les signes de l'intervention divine.
368 pages *FF 120.- SFR 28.- FB 750.-*

Vassula de la Passion du Sacré-Cœur

L'auteur, le Père O'Carroll, s'est fixé deux objectifs: renseigner sur la personnalité et les antécédents de Vassula; donner un aperçu du message que transmettent ces écrits.
322 pages *FF 120.- SFR 30.- FB 750.-*

Mon Ange Daniel

Les débuts de La Vraie vie en Dieu

La toute première expérience d'intervention surnaturelle dans la vie de Vassula est venue de son ange gardien. La chronologie des événements est fidèlement reportée dans le présent ouvrage.
par Vassula, 222 pages *FF 120.- SFR 30.- FB 750.-*

Vassula, un charisme œcuménique

Ce petit livre s'adresse tant à ceux qui ne connaissent pas les livres de Vassula Rydén, qu'à ceux qui, après les avoir lus, désirent avoir une synthèse de l'œuvre.
Le Père Fernando Umaña présente ici de façon remarquable et concise l'importance du message de Jésus donné à Vassula.
128 pages, 13x20 cm *FF 60.- SFR 14.- FB 375.-*

Rome et Vassula

La Notification émanant de la Congrégation pour la Doctrine de la Foi à l'encontre de Vassula Ryden a stupéfié le monde entier. Cet ouvrage entend présenter à chacun une documentation qui lui permette de déterminer son attitude face à ces révélations, en tenant compte tant des libertés reconnues à chaque baptisé que du respect dû à l'autorité ecclésiale.
par Michael Dore, 144 pages *FF 65.- SFR 15.- FB 400.-*

J'ai vu écrire Vassula

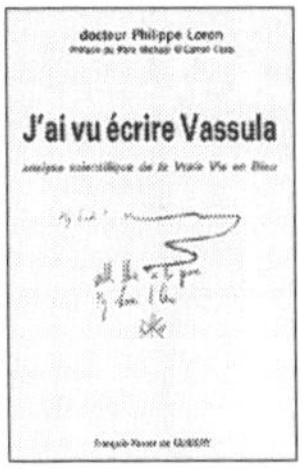

Analyse scientifique de la Vraie Vie en Dieu

Le docteur Philippe Loron, neurologue, analyse les deux écritures de Vassula: la sienne propre et celle «sous dictée». Il commente les messages et analyse leur contenu par rapport au positivisme rationaliste à l'histoire de la pensée de l'Eglise.

176 pages *FF 100.- SFR 25.- FB 630.-*

Quand Dieu fait signe

Témoignage sur la vraie vie en Dieu

René Laurentin s'efforce d'analyser, de discerner en quoi Dieu, à travers ces signes, fait pour nous des merveilles aujourd'hui.

par René Laurentin, 120 pages *FF 40.- SFR 10.- FB 250.-*

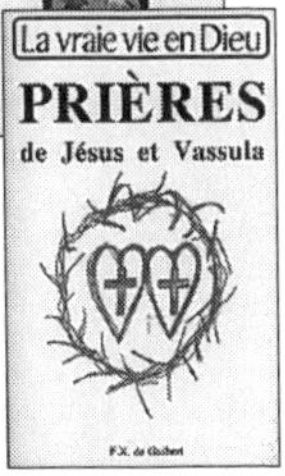

Prières de Jésus et Vassula

Recueil de prières extraites des tomes de «La vraie vie en Dieu».

128 pages *FF 40.- SFR 10.- FB 250.-*

Qui est Vassula?

Itinéraire, réponses et témoignage pour un combat spirituel

Ce livre fait suite à «Quand Dieu fait signe». Il veut répondre aux difficultés que des adversaires ont multiplié contre Vassula.

par René Laurentin, 88 pages

FF 60.- SFR 15.- FB 380.-

Jésus appelle sa messagère

Vassula Ryden, messagère du Sacré-Cœur

Le but de ce livre est de justifier, au point de vue théologique, la cause de Vassula Ryden qui reçoit du Sacré-Cœur des révélations.

par le Père Mélançon, 96 pages

FF 60.- SFR 15.- FB 380.-